마녀영화관

마녀영화관

목민정 지음

들어가며

1990년, 보이저호는 머나먼 우주로 떠나기 전 지구를 향해 카메라를 돌렸다. 사진 속에서 푸른 별은 희미한 점에 불과했다. 그 텅 빈 어둠 속 한 점에서 사람들은 울고 웃고 사랑하며 살아간다. 빛은 어둠이 있기에 빛나고, 삶이 소중한 건 죽음이 있기 때문이다. 삶과 죽음은 종이의 앞뒷면처럼 붙어있어, 어둠 또한 빛만큼이나 많은 이야기를 품고 있다.

어둠과 어둠 사이, 잠시 꾸는 꿈을 우리는 삶이라 부른다. 영화의 시작을 알리는 검은 화면의 긴장, 그리고 끝난 후 남는 검은 여운. 그 사이 펼쳐지는 빛의 드라마를 통해 우리는 삶을 배운다. 그래서 삶은 유한한 시간을 물들이는 한 편의 영화처럼 느껴진다. 영화가 끝나고 나면, 그 빛은 다른 문을 열고 내 안으로 들어온다.

영화는 가상과 현실이 뒤섞인 세계이자, 세상을 비추는 거울이 된다. 때로는 현실을 비틀어 미래를 상상하게 하고, 잃어버린 것에 대한 아쉬움과 그리움을 품게 한다. 우리가 지켜야 할 것이 무엇인지 묻고, 미처 보지 못했던 것을 보게 한다. 영화라는 프리즘을 통과한 세계는 우리의 시야를 확장하고, 타인과의 연결을 통해 넓고 다채로운 세계로 끌어낸다.

혼자 본 적도 있지만, 함께 본 영화가 더 많다. 웃음과 눈물이 옆자리로 전해지고, 영화가 끝난 뒤에는 말과 글로 나눴다. 그렇게 나눈 순간들이 하나둘 모이게 되었다. 그 이야기들을 죽음, 사랑, 경계, 삶이라는 주제로 묶었다. 죽음이 던진 질문은 삶과 사랑을 더욱 빛나게 했고, 그 사이를 비집고 들어가 보이지 않던 틈을 들여다보게 했다. 다양한 시각을 나누며 알지 못했던 세계를 상상하고 공감했다. 삶에서 풀리지 않던 질문에 답을 주기도 했고, 내게 새로운 질문을 던지기도 했다.

무엇을 보는가는 곧 내가 어떤 사람으로 물들어가는가와 관련된다. 같은 시공간에서 함께 영화를 공유했던 경험은 진한 시간으로 남았다. 혼자서는 닿을 수 없는 깊이로 나를 안내했다. 빛의 드라마로 연결된 마음 덕분에 해석은 더욱 풍성해졌다. 영화는 나를 비추고, 타인과 나를 잇는 연결고리가 되고, 세상에 대한 시선을 넓혀주는 창이 되었다.

　같은 영화를 봤어도 우리는 각자의 세계에서 다른 시선으로 만난다. 그래서 영화가 던진 질문을 받은 나만의 기록이 다른 누군가에게 닿는다면 또 다른 화학반응을 일으킬 것이다. 이 글을 읽은 누군가의 호기심을 자극해 그 영화를 열어보기를 기대한다. 그러면 영화가 끝나고 그 연결된 마음들로 이야기가 다시 시작될 것이다. 당신의 삶에 작은 빛으로 스며들기를 바란다.

차례

죽음, 내게 던진 질문

삶을 버리게 하는 죽음

<아무르 Amour 2012>

    불안이 없는 행복을 꿈꾸었던 에피쿠로스는 살아 있는 동안은 죽음에 닿을 수 없고, 죽으면 이미 존재하지 않으니 두려워할 필요가 없다고 했다. 하지만 그런다고 인간에게 죽음이 두렵지 않은가? 생자필멸(生者必滅)이라고 했다. 태어나는 순간부터 우리는 죽음으로 직행하고 있다. 마치 두 암흑 사이 잠깐 반짝이다 사라지는 먼지 같은 존재가 인간이다. 탄생 전과 죽음 후는 우리가 알 수 없는 영역이다.

    생명이 있는 한 엔트로피의 증강을 막을 길이 없다. 시간의 엄정함은 차갑도록 공평하며 한치의 예외도 없다. 하지만 인간은 죽음을 두려움으로 회피한다. 망각을 통해 가짜 위안을 얻으며 자신을 때때로 속인다. 살아 있는 한 알지 못하는 미지의 영역에 죽음이 있다. 그러면 죽음을 향해가는 세계에서 삶과 사랑은 무슨 의미가 있을까?

영화 <아무르 Amour>는 양면색종이를 닮았다. 죽음을 이야기하며 사랑이라는 제목을 달았다. 에피쿠로스가 삶과 죽음을 분리해서 삶에 집중했다면, 이 영화는 삶과 죽음은 하나며 삶이 치열한 만큼 죽음 또한 치열함을 말하고 있다. 삶 속에 사랑과 죽음은 분리할 수 없다. 사랑과 죽음은 삶이라는 종이의 앞뒷면이다.

자존이 강하고 누구보다 뜨겁게 사랑하는 안느와 조르주다. 80을 바라보는 나이에도 아내의 아름다움에 찬사를 보내는 다정한 남편은 변해가는 죽음의 변주 앞에서 당당하게 안느를 지켜내고 싶었는지도 모른다. 자신도 노인이지만 사랑이라는 방패로 막고 싶었다. 그는 알지 못하는, 하지만 안다고 생각하는 죽음이라는 도둑을 맞이한다.

도둑이 예고하고 들이닥치지 않듯, 죽음 또한 예의는 없다. 다만 가차 없는 통보일 뿐이다. 깊숙하고 긴 복도를 가진 그들의 집에 햇살이 비치는 작은 창 앞, 노부부는 작은 2인용 식탁에 다정히 앉아 식사한다. 이야기 도중 갑자기 멈춰버린 안느, 멍한 눈으로 얼어붙은 그녀를 보며 조르주는 당황하고 놀란다. 그것이 둘 사이에 들어온 죽음의 첫 발걸음임을 알았을까? 죽음은 멈추는 것이다. 살아 움직임 없는 벽처럼 정지된 시간이 여전히 움직임 가득한 현실에 툭 던져지며 운명의 시작을 알린다.

필연적인 죽음은 우연처럼 노크한다. 삶의 시간에 느닷없이 닥친다. 죽음은 나이 고하를 가리지 않고 정의도 사랑도 개입할 수 없는 무지막지한 영역이다. 공평한 죽음이지만 마음을 아무리 굳게 먹어도 개인에게 죽음은 보편적이기보다 한 번뿐인 특수한 경험이다.

둘만이 고군분투하는 집에 방문하는 이들은 관객처럼 바라볼 뿐 도움이 되지 않는다. 손님들은 왔다 가버리고 다만 그 죽음의 그림자와 싸우는 것은 늙고 병든 사랑하던 둘뿐이다. 죽음은 둘 사이에 균열을 일으킨다. 평생 화 한번 안 내고 사랑했던 아내에게 짜증과 한숨, 손찌검이 이어진다. 안느보다 변해가는 자신에게 더 놀랐을 조르주. 노인이 노인을 돌보는 시간이다. 죽음을 간접적으로 체험하며 자신에게 가까이 온 죽음에 두려움과 공포, 외로움과 슬픔이 전이된다. 그것은 육체와 정신을 가혹하게 부수고 파괴시킨다.

육체는 허물어져도 정신이 있을 때는 자존을 지키고

자신을 일으켜 세울 수 있었다. 하지만 빠른 속도로 정신을 흔들어 놓는 죽음의 손길에 말을 점점 잃어 간다. 언어는 분절되고 토막 나고 단어는 사라진다. 오직 '엄마'와 '아파'만 외치는 아내를 보며 함께 부서져 가는 심정이다. 정신이 아직 또렷한 조르주 가슴에 고스란히 대못이 박히는 것 같아 더 고통스럽게 느껴진다. '긴 병에 효자 없다'고 한다. 좋은 시간일 때는 누구나 호인이기 쉽다. 하지만 어렵고 힘든 시간에도 변함없기는 어렵다. 노인끼리 돌봄은 같은 처지라서 위로는 될지언정 시간이 갈수록 크게 도움은 되지 않는다. 무엇보다 두려운 것은 육체보다 정신의 파괴다. 인간을 이루는 것에 몸과 정신에 우열은 없지만, 인간을 지키는 것은 정신이 더 큰 작용을 한다.

집은 마치 관처럼 변해가고 어느 저녁 초인종 소리에 문을 연다. 어둡고 텅 빈 복도로 나왔다. 누구냐고 아무리 물어도 대답 없는 복도 끝을 돌아서니 물로 가득 차 있다. 그리고 어둠 속 불쑥 나온 손은 조르주의 입을 틀어막는다. 비명을 지르며 깬다. 악몽이다. 느닷없이 와서 숨을 조이는 죽음, 그 두려움이 악몽으로 그려졌다. 난데없이 당한 도둑과 같은 죽음은 손님이라는 은유로 모습을 드러낸다.

사랑의 대척 지점엔 증오가 있다고 알지만, 사랑의 반대엔 무관심이 있다. 혼자 감당할 수 없어 간호사와 목욕 관리사를 부른다. 그들을 도와준다고 방문하는 이들에겐 죽음은 머나먼 이야기고 일상을 꾸려가는 돈벌이 수단에 지나지 않는다. 저항할 수 없는 병든 육체가 아니라 누구보다 빛나던 지성과 우아한 매너를 가졌던 한 사람에 대한 예의 없는 타인들로 조르주는 화가 났다. 사실 자신에게도 곧 닥칠 일이기도 하다. 아내의 죽음 뒤에 혼자 남아 고독하게 삶을 견디게 될지도 모른다. 사람에 대한 무관심은 증오보다 나쁜 감정이었다.

타인이 공감할 수 있다 해도 닿을 수 없는 유리벽에 갇힌 두 사람. 우리에겐 아직 먼 미래의 일이고 살아남기 급급한 현실에서 죽음은 미뤄두기 쉬운 불편한 것일 수 있다. 영화를 보는 내내 죽음으로부터 도망갈 길 없는 치열한 싸움을 보는 것 같다.

어제와 다를 바 없이 하루를 시작하는 시간, 아내는 또 '아파'를 반복하며 외친다. 하던 면도를 그만두고 뒤뚱뒤뚱 걸어간다. 그리고 달래듯 손을 잡고 손등을 쓰다듬고 긁으며 진정시키려 이야기를 시작한다. 그의 어린

삶을 버리게 하는 죽음

날 캠프에서 아팠던 이야기다. 40도가 넘는 디프테리아에 걸려 엄마를 찾았던 이야기를 하며 그는 문득 어린 시절 느꼈던 공포와 불안을 회상한다. 순간 아내가 외치는 '아파'와 '엄마'에 깔린 절실함을 느꼈던 것 같다. 잠잠해지며 가라앉은 안느에게 느닷없는 행동을 한다.

사그라지기 전 요동치는 생명의 벌떡임이 움직이지 않는 죽음의 정적과 팽팽히 겨룬다. 잠시 후 폭풍이 지나간 듯 그 고요함은 묘한 진동을 일으킨다. 사랑하기에 죽음에 이르게 한 그의 고통스러운 마음에 한순간 나도 먹먹해졌다. 자신이 지켜내려 한 것은 안느였지만, 자신이 지켜내고 있는 것은 어쩌면 고통의 시간을 길게 끄는 것임을 알아차렸던 것 같다. 사랑과 죽음이 묘하게 일치하며 환한 햇살 아래 죽음을 끌어안는다.

더는 고통을 볼 수 없었다. 안느가 정신이 와해되기 전 마비된 한쪽을 두고 한 손으로 사진첩을 넘길 때 그녀는 말한다. "인생은 아름다워", "인생은 참 길어" 환희와 지루함이 공존하는 말을 지난 시간을 담은 사진첩을 넘기며 무심코 흘린다. 그녀에게 하루하루 자신을 바라보는 일은 어제보다 조금씩 부서지는 것을 직시하는 고통스러운 일이었을 것이다.

어느 날 창으로 날아든 비둘기가 저승사자처럼 불길했던 것일까. 조르주는 얼른 쫓아냈다. 두 번째 비둘기가 다시 방문하자, 여러 번 던진 담요에 잡힌 비둘기를 끌어안는다. 돌아온 영혼을 감싸듯, 아니면 자신에게 닥칠 죽음을 받아들이듯, 사랑하는 마음과 죽음을 받아들이는 마음이 묘하게 겹치며 고독하게 홀로 남은 복도의 쓸쓸함이 황량하다.

죽은 듯 누운 조르주에게 그리운 일상처럼 설거지 대에서 소리가 들리고 휘청휘청 일어서 다가가니 아내가 외출하자며 빨리 나가자고 한다. 외투를 챙겨입으라는 아내의 말에 옷을 입고 뒤따른다. 그립고 그리운 아내를 따라 문밖으로 나간다. 영화의 시작에 외출 후 돌아온 부부의 모습이 있었고, 마지막 즈음 둘은 죽음의 세계로 외출하듯 나란히 나간다. 이 세상에 소풍 왔다 떠나는 것이 우리의 인생이라 말한 시인처럼 온전히 사랑했고 깊이 나누었던 두 영혼은 홀연히 외출하듯 사랑 속에 잠든다.

영화가 시작되고 문을 부수고 들어오던 사람들은 꽃을 뿌린 채 단정하게 누운 시체를 발견한다. 시체는 썩어 코를 잡게 만들지만 잠든 그녀는 평화롭다. 곧 문이 사방으로 열리고 관과 같았던 어둡고 긴 복도는 환한 햇빛으

삶을 버리게 하는 죽음

로 채워진다. 한바탕 소동이 끝나고 모두 떠난 후 아빠가 앉아 있던 의자에 딸은 멍하니 앉아 있다. 죽음이 끝이 아니라 다시 삶이 돌아간다. 그리고 삶 속에 있는 딸에게 죽음은 예정되어 있다.

우리는 시간이라는 추상적이며 실재적인 길 위에서 무력하다. 이 세상에 태어난 후 매일 조금씩 삶보다는 죽음에 가까이 간다. 그 죽음이 우리를 위협할 때 우리는 공포와 분노의 감정도 일지만, 그 감정은 또한 삶을 추동시키는 에너지가 되기도 한다. 막연한 두려움에 미뤄둔 죽음을 간접적으로 지켜보니 등 뒤가 서늘해진다. 하지만 한편 살아 있는 이 시간이 선물처럼 느껴지기도 한다. 감독 미하엘 하네케는 "예술가는 사회의 상처에 손가락을 집어넣고 영원히 소금을 발라대는 존재다."라고 했다. 아프고 외면하고 싶은 순간을 눈 돌리지 않고 바라보게 하는 힘 또한 사랑이다.

이제, 딸의 차례가 되었다는 것을 알리듯 텅 빈 방에 그녀는 우두커니 앉았다. 영원히 살 것 같은 시간 안에 죽음이 도둑처럼 닥쳐 가차 없이 순서를 밟게 될 것이다. 곧 닥칠 죽음을 멀게만 보지 말라는 말인 듯하다. 영화를 보는 내내 죽음을 직시하게 된다. 나이듦의 현실을 고스란히 보여주며 그 죽음 앞에 무엇을 준비하고 어떻게 마음먹을 건지 묻고 있다. 죽음은 치열하다. 삶이 치열했던 만큼. 살아 있는 시간에 죽음을 기억하고, 죽음의 시간에 사랑을 가지고 가리. 죽음을 생각할수록 삶을 벼리게 된다.

내가 나로 존재하기

<스틸 앨리스 Still Alice 2014>

쪽진머리에 화사한 연하늘빛 한복을 곱게 차려입고 외할머니는 집에 오셨다. 부리부리한 눈에 선명한 이목구비는 둥근 이마 아래 시원스레 자리 잡았다. 풍채도 있어서 당당한 모습은 키 큰 외할아버지 옆에서 그림처럼 이뻤다. 바스락거리는 한복 앞으로 안기면 할머니에겐 좋은 냄새가 났다. 귀에 딱 붙은 귀걸이는 마루청에 앉아서 더위를 식히느라 부채질할 때마다 햇살에 반짝였다. 목소리는 카랑카랑하고, 단정하면서도 여느 할머니와는 다른 모습이었다. 엄마와 전혀 닮지 않았는데 나중에 새어머니였다는 것을 알게 되었다.

어느 날, 다급한 전화를 주고받던 부모님은 하루종일 들락날락 번잡하셨다. 하루가 끝나가는 저녁 무렵이었다. 아빠의 손에 끌려 대문으로 들어온 외할머니는 시커먼 얼굴에 볼이 패어 있고, 쪽진 비녀를 잃어버리고 머리카락을 산발로 풀어헤친 채 등장했다. 꼬질꼬질한 스웨터와 아래위가 전혀 어울리지 않는 몸빼 바지 차림에 시커먼 발에는 낡은 슬리퍼가 신겨 있었다. 부모님이 외할머니를 부르는 호칭으로 알 수 있을 뿐, 내가 알던 외할머니는 아니었다.

무엇이 한 사람의 모습을 이렇게 바꿔 놓았을까? 치매라고 했다. 육체를 타격하는 질병보다 정신을 무너뜨리는 질병의 무서움이 선명하게 각인되었다. 사람에게 술술 빠져나가는 기억은 자신조차 지워버리는 잔혹함으로 철저히 비워내게 했다. 산다는 것은 매일 이별하는 것이라고 했지만, 상실을 배우는 것이 이런 종류라면 우리는 상실로부터 무엇을 배울 수 있을까. 기억을 다 잃은 후에도 나일 수 있을까.

죽을 때 가져갈 수 있는 유일한 것이 '기억'이라고 말하지만, 치매는 그것마저 빼앗아 텅 빈 무(無)로 돌려놓는다. 인간이 기억만으로 이루어진 것은 아니지만, 연속된 기억을 이어 '나'라는 존재를 인식한다. 삶의 연속성을 잃어버린 존재가 나로 남을 수 있을까? 기억 상실을 떠올리면서 몇 년 전 보았던 영화가 떠올랐다.

<스틸 앨리스 Still Alice>는 언어학자 앨리스의 이야기다. 평생을 언어학에 몸담아 연구하던 주인공이 안타깝게도 이른 나이에 병으로 언어를 잃어가는 이야기다. 언어는 존재의 집이고, 한 사람의 세계를 드러낸다고 한다. 그래서 언어가 사라지는 것은 한 존재가 사라진다는 말이기도 하다. 영화가 시작되고 카메라는 연신 주인공의 뒷모습을 잡는다. 엄습한 병의 그림자가 주인공을 바짝 쫓는 모습이다.

강연에서 단어가 떠오르지 않고, 일상생활 속 대화의 맥락을 따라잡지 못해 삐걱거리기 시작한다. 그러다 어느 날 달리던 길 위에서 사방이 뿌옇게 흐려지며 자신이 있는 곳이 어디인지, 여기에 어쩌다 있게 된 것인지, 도무지 알 수 없는 백지의 공포를 만난다. 모든 것이 정지된 시간. 불안을 감지한다. 연속된 이상징후에 그녀는 병원을 방문한다. 그리고 조발성 알츠하이머라는 믿을 수 없는 병명을 듣는다.

전력 질주하듯 살아온 그녀는 완벽한 인생을 살고 있었다. 커리어의 정점에 이른 그녀를 자랑스러워하는 남편과 이제는 장성한 세 아이를 뒀다. 부족함 없는 그녀는 한마디로 성공한 삶이었다. 하지만 나이 50에 닥친 이 불청객은 이제까지 멋지게 조각해 온 삶을 내부로부터 날카로운 정을 박으며 분해하고 있었다. 차라리 암이었으면 좋겠다는 그녀의 바람이 아프다.

순간순간 끊어진 기억과 사라진 시간은 빠른 속도로 그녀를 타격한다. 기억을 위협한다는 것은 자신이 위협받는 것과 같은 일이었다. 병과 싸움에서 슬퍼할 자신을 잃어가는 것이 얼마나 참혹한 일인지 당사자가 아닌 이들은 짐작하기 어렵다. 내가 자신에게서 멀어지며 소외되는 느낌은 텅 비어가는 눈동자와 흐트러진 채 걷는 모습으로 표현된다. 하지만 그녀는 쉽게 포기하지 않는다. 치열한 삶을 살았듯 병에 멱살 잡혀 막무가내로 끌려가지 않는다. 그녀는 자신을 덮치려는 고통 앞에서 싸운다. 병이 점점 자신을 잠식해가는 것을 알지만 두려움 속 뒷걸음질치는 시간에도 남아 있는 이성을 총동원해 사력을 다하는 모습은 그녀가 살아온 태도이기도 하다. 오늘이 잊힌다고 오늘이 중요하지 않은 것은 아니기에.

최대한 담담하게 표현되는 그녀의 시간은, 강도가 더해지는 고통을 향해 나가는 여정만이 남은 듯했다. 하지만 앨리스는 말한다. 순간을 사는 것과 스스로 다그치지 않는 일상에서 상실의 기술을 배우고 있다고. 영원한 상실은 없으므로 남은 여정을 끝까지 갈 것이고, 내가 나일 수 있는 마지막을 붙들겠다고 한다.

우리가 어떤 병에 시달리며 살아도 전부 고통으로 얼룩지지는 않는다. 온통 즐거움으로 가득 찬 것이 우리의 삶이 아니듯, 계속된 절망과 불안만이 가득한 삶도 아니다. 다만 내가 할 수 있는 최선을 통해 내가 살아가는 순간순간에 더 집중하는 게 병이나 죽음 앞에 우리가 취할 수 있는 태도가 아닐까. 그렇지 않고 어둠에 잠식당하면, 아픔과 고통 속에서도 여전히 행복한 날들과 즐거움이 숨어있다는 것을 놓치게 된다. 그건 마지막 남은 모든 시간을 잿빛으로 칠해버리는 일이 된다. 사람이 어떤 상황이라도 그걸 자기 삶으로 받아들이기만 하면 거기서 다시 살아갈 수 있음을 본다. 비록 짧은 시간이라도 살아있는 동안은 여전히 삶은 이어진다.

한편, 병은 환자 본인뿐만 아니라 가까운 가족을 물들인다. 병에 대처하는 가족들은 각각 상반된 모습을 보인다. 여기서 앨리스의 딸들은 둘 다 엄마를 사랑하는 마음은 같다. 큰딸은 기억하려 애쓰는 엄마를 말린다. 스트레스로 병이 악화될까 염려해 가족의 중대사에서 엄마를 배제시킨다. 그러나 둘째 딸은 엄마가 이전과 다르다고 해도 예전과 같은 모습으로 대한다. 알츠하이머병에 걸린 사람이 아니라 그냥 엄마로 대한다.

보통 우리는 환자와 병을 분리하지 못하고 환자와 병을 동일시한다. 그래서 병은 그 사람의 운명이자 모든 것이 돼버린다. 알츠하이머 환자들에게 하는 연설에서 "우리의 병이 우리는 아니다"라는 앨리스의 말은 그 병으로 바보처럼 무능해지고 우스워진다고 해도 나로 존재하고 싶다는 말이 아닐까. 과거의 나와 연결되기 위해, 현재를 살기 위해, 자기 자신으로 남기 위해, 안간힘을 쓰는 것은 아직은 이 세상의 일부로 존재하고 싶기 때문이다. 그녀에게 큰딸의 연민은 자칫 잘못하면 부정적으로 변질되기 쉽다. 병을 앓는 사람을 불쌍하고 가엽게 여기는 마음에는 삿된 기운이 금방 들어선다.

많은 것을 내려놓아야 하는 상실의 시간에 마지막 순간까지 자신을 붙들려고 했지만, 그녀의 바람과는 다르게 빠른 속도로 그녀의 추억, 사랑, 지성, 언어, 총명함, 따뜻함은 쥘 수 없는 바람처럼 허공으로 흩어진다. 마치 영혼이 빠져나간 육체만 남은 듯하다. 마지막 그녀 안에 그녀가 아직 있는지조차 희미해질 즈음 딸이 읽어주는

내가 나로 존재하기

이야기를 멍하니 듣던 앨리스. "엄마, 무슨 이야기인지 알겠어?"라는 질문에 천천히 "사랑(love)"이라고 답한다. 무심히 말한 우연인지도 모른다. 하지만 주인공이 마지막까지 잃고 싶지 않았던 것은 사랑이 아니었을까.

병은 사람을 가리고 오지 않는다. 오래전 외할머니의 기억 때문인지 나이 드신 엄마는 치매에 좋다는 음식에 유독 귀를 쫑긋하시고, 치매에 도움이 된다며 껌을 늘 씹으신다. 자기 삶의 결정권을 자신이 쥔다는 것은 죽음을 결정하는 일도 포함된다. 결국, 병을 다스린다는 것, 마주한다는 것은 살면서 부딪히는 상황을 내가 어떻게 해석하고 대하는가에 대한 태도의 문제다. 병과 죽음 앞에 한편 무력해지는 인간이지만, 두려움과 불안이 아닌 사랑을 남기려는 앨리스를 본다. 삶에 대한 태도가 그녀를 아프지만 아름답게 지켜내고 있다.

판도라 상자

< 죽여주는 여자 The Bacchus Lady 2016 >

돈 없고 배운 것 없이 늙은 여자

희망을 남기고 닫아버린 판도라의 상자에는 과연 희망이 있을까? 아마 판도라의 상자에는 외면하고 싶은 그 모든 것을 구겨 넣고 닫아버린 부끄러움이 있는 것은 아닐까? 영화 < 죽여주는 여자 The Bacchus Lady > 에는 그 상자를 열고 우리가 외면하고 있는 것들을 우리 앞에 펼쳐 놓는다. 영화는 성(性)과 죽음이라는 문제를 무겁지도 가볍지도 않은 무게로 현실감 있게 보여준다. 그 안에는 노인 문제, 여성, 빈민, 성 소수자, 장애인, 이주여성과 코피노의 문제까지 복잡하게 얽혀 있지만, 정작 영화는 잔잔하다. 그 잔잔함은 무심한 우리의 시선 같기도 하다.

언제부터인가 폐지 줍는 노인들이 등장했다. 옛 시절 노인은 공경의 대상이었다. 그러나 지금은 자본주의 체제 아래 효용성이 다한 거추장스러운 존재로 변했다. 가정을 등에 짊어지고 열심히 달려온 그들이 책임을 다하자 이제 남은 삶은 늙은 당신들이 알아서 꾸려야 한다고 말하는 세상이다. 마땅히 일할 곳도, 나를 위해 남겨 놓은 재산도 없는 사람들은 하루아침에 빈곤한 삶으로 추락한다.

<죽여주는 여자>에는 이중적인 뜻이 있다. 죽여주게 서비스가 좋았던 여자가 목숨을 죽여주는 서비스까지 하게 되는 이야기다. 여기에는 대한민국이 경제발전 과정을 거치며 여성을 사용한 역사도 같이 있다. 어린 시절 식모살이에서 공장노동자로 미군 부대의 양공주를 거친 주인공은 노인이 되어서도 성매매를 하고 있다. 선택지가 많이 없는 삶에 그나마 살아남기 위해 잡은 방식이었다. 결과적으로 여자는 삶의 변두리로 밑바닥으로 밀려나게 된다.

주인공 소영은 돈 없고 배운 것 없이 늙은 여자다. 이 세상에서 이런 조건을 가진 사람이 생존하기는 쉽지 않다. 소영은 중간에 폐지 줍는 노인을 두려운 시선으로 본

다. 그래도 폐지는 줍고 싶지 않았다고 말한다. 사람 중에는 차라리 폐지를 줍는 게 낫겠다고 생각하는 이도 있을 것이다. 처음엔 나 또한 그랬다. 박카스를 들이밀며 "잘 해드릴 게"라고 말하는 그녀에게 툭 내뱉는 "몸 파는 년 아니야"하고 일어서는 남자 노인의 시선은 박카스 레이디(The Bacchus Lady)를 보는 우리의 시선과 닮았다.

늙어서까지 몸을 팔아서 살아야 하는 사람을 탓할 것이 아니라 늙은 몸을 팔아야 살 수 있는 사회가 더 큰 문제이지 않을까. 그리고 여기서 왜 몸을 파는 것은 대다수가 여자여야 할까. 오래전부터 그래왔다고 당연하다고 말하는 이들이 있다면 이 당연함은 옳은 것인가 하고 물어야 한다. 노인이 몸을 팔아서 살아야 한다면 늙은 남자도 몸을 파는 인구가 비슷해야 하는 게 아닐까.

빈부의 차가 벌어지고 있다고 연일 보도가 나온다. 거기에서도 가난 중 가난을 가르고 보면 여성은 더 취약한 곳으로 가기 십상이다. 가부장제가 더 극심했던 옛 시절 여자들은 남자 형제들이나 집안의 경제를 위해 학교 대신 공장을 택했다. 아니 선택이 아니라 강요였다. 나라는 전쟁의 그늘로부터 탈출하기 위해 그들의 인권을 외면했다. 공장은 더 큰 이윤을 남기고 그들의 고혈을 짜서

판도라 상자

기업을 일으켰다. 그 공장의 쥐꼬리만 한 월급조차 여성은 남성에 크게 못 미치는 대우를 받았다.

배우지 못한 여성이 선택한 그나마 나은 돈벌이 중 하나는 미군 부대 양공주였다. 국가는 외화벌이라는 모양새로 뒤로 부추기고 눈을 감았다. 양공주의 몸을 이용하고 이용가치가 다하자 더럽다는 누명을 씌워 몰아냈다. 거기서 얼굴을 숨기고 도망간 그 수많은 이용자는 어디에 있을까. 미혼모의 문제 속에 미혼부가 비켜나고, 이주여성과 코피노의 문제 속에 대한민국의 멀쩡한 남자들이 숨겨져 있는 것과 매한가지다.

만약 문제가 있다면 가정에서 외면한 딸들의 교육과 차별이다. 대등한 노동을 하고도 임금 차별을 하고, 부(富)를 한 곳으로 몰아간 사회 권력이다. 성을 파는 것이 문제라면 성을 사는 것도 문제여야 한다. 문제는 이중잣대를 가진 법과 세상이다. 코피노를 아이 개인의 문제로 치부할 것이 아니라 코피노를 낳게 하고 안면몰수한 남성에게 엄중한 잣대와 사회적 질타가 따라야 할 것이다. 하지만 세상은 돈 많고 배운 것 많은 남자가 경제적·정치적 권력을 차지하기 유리한 곳이다. 그들의 변명에 편을 드느라 반대의 목소리는 묵인하고 만다.

결국, 태어나 먹고 살아남기 위해 열심히 살았지만 돈 없고 배운 것 없이 늙은 여자는 이중 삼중의 그물망에서 죄없이 죄로 가득 찬 채 타인의 손가락질을 받게 된다.

박카스 레이디

당연히 노인에게도 성생활이 있고 욕구와 욕망이 늙어가는 육체 속에 살아 있다. 영화 <죽여주는 여자>를 보기 전까지 박카스 레이디(The Bacchus Lady)의 의미를 몰랐다. 이 세대는 성을 파는 것을 은유적으로 드러낸다. 마치 스파이 접선과도 같이 성매매를 한다. 탑골 공원이나 장충단 공원에 모여든 노인들 사이 "박카스를 딸까요?"라고 물어보는 것으로 성매매는 시작된다. 성을 통해 생계를 이어가는 주인공이다.

급격하게 변하는 시간 속에 인간의 평균수명은 그 어느 때보다 길어졌다. 죽음까지의 시간은 지루하게 길고, 이미 육체의 기운은 쇠했다. 일할 곳도 일할 기운도 마땅찮은 가난한 노인들은 죽음까지의 시간이 형벌과도 같다. 늙었다는 것 자체가 부끄러움이 된 그들은 도시의 공원에 모여 서로의 시간을 죽이고 있다. 대부분 평생 일해

왔고, 번 돈으로 가족과 자식을 돌보느라 자신은 돌아볼 수 없었다. 시대가 바뀌어 자식은 노인을 봉양할 수 없고, 늙은 몸이지만 초고령 사회로 인해 100살이 가까운 더 늙은 부모까지 모셔야 한다. 노인이 노인을 돌보는 세대가 등장했다. 세상은 이들을 자신의 몫을 고려하지 않은 어리석은 사람으로 본다.

박카스 아줌마 소영은 식모, 여공 그리고 양공주를 거쳐 박카스 아줌마가 되었다. 이야기가 너무나 현실의 모습을 담고 있어 영화는 우리를 불편하고 부끄럽게 만든다. 우리가 외면해온 그림자. 한 사람의 여성으로 어찌 수치심이 없을까. 스스로 도려내는 바닥의 자존심에 슬픔이 범벅이다. 하지만 그녀는 살아야 하니까 성매매를 직업으로 여기며 열심히 일한다. 그러나 상처 위에 뿌려진 소금에 마음으로는 피 흘리는 삶이었을 것이다.

그녀는 배려심이 남다르다. 그녀가 죽여주게 서비스가 좋았던 것은 세상의 뒤로 물러난 고객(늙은 남자)들의 슬픔과 고독을 잘 알았기 때문이다. 아픔을 보듬고 다독거리는 것이 몸에 밴 사람이다. 누가 감히 비판할 수 있을까. 죽음의 번호표를 받고 기다리는 노인의 삶. 비참하게 내몰린 삶. 죽고 싶어도 죽을 수 없는 질긴 목숨을 연명하는 삶. 배운 것 없이 몸을 팔다 늙어버린 여자는 평생 자신을 스스로 먹여 살리는 일에 매달렸지만, 남은 건 공허한 몸뚱이뿐이다.

죽여 주게 서비스가 좋았던 여자가 죽여 주는 조력살인을 하는 모습으로 가는 것에 더 마음이 안 좋았다. 불편하고 아픈 영화에서 잔인하고 이기적인 영화로 변했다. 늙은 오빠들은 어쨌든 성매매를 통해 그녀를 이용했다. 무례하거나 막가는 인간도 많았지만, 인정스럽거나 점잖은 부류도 꽤 있었다. 그들은 결국 자신의 성(性)을 스스로 해결하지 못했듯이 죽음도 스스로 해결하지 못하고 벼랑 끝에 있는 그녀에게 짐을 지운다. 젊은 날은 죽여주는 여자라 치켜세우고, 끝내 조력자살이라는 이름으로 죽여 달라고 조르고 있다. 여기 등장하는 늙고 병들어 고독해진 남자 노인들이 안쓰럽기보다 비굴하고 비겁해 보였다.

그들에겐 쓰다 말면 그만인 존재였는지 모르지만, 소영은 그런 존재가 아니다. 죽은 자보다 남겨진 자의 고통과 황폐함이 더 클 거라는 걸 왜 모를까. 그것이 단지 고맙다, 미안하다는 공치사로 퉁 칠 수 있는 것인가. 결국, 교도소에서 죄의식과 고통스러움 속에 소영은 차가운 죽음을 맞는다.

탑골 공원이나 장충단 공원에서 성매매를 하는 박카스 아줌마도 한 가족의 딸이었고, 한 사람의 어머니였다. 이젠 할머니가 되어 여기까지 내몰린 가난한 여자 노인에게는 늙은 나이까지 성매매를 하거나 폐지 줍는 길만 남은 것일까. 이것은 그 개인이 오로지 선택한 삶이었을까. 그 옛날 '공순이'나 '양공주'라 칭하던 삶에서 한 발짝도 벗어나지 못한 모습이다. 그들을 가두리에 가둔 것은 누구의 욕망이었을까. 여전히 그녀들을 부끄럽게 생각하는 사람들. 그렇게 만든 배경은 외면한 채 우리는 불편해만 한다. 그것은 또 다른 가해자의 시선이 내 안에 있기 때문은 아닐까.

폐지는 줍기 싫었다고, 나이든 여자가 할 수 있는 게 뭐가 있냐던 소영의 말에 딱히 나도 다른 답이 떠오르지 않는다. 판도라의 상자 속에 든 아픈 것들을 꺼내 희망으로 바꿀 수 있는 것은 그 사람을 깊게 바라보는 시선에 있다. "저 사람들도 다 사정이 있겠지. 겉만 보면 알 수 없잖아."라고 소영이 한 말을 곱씹어 본다. 한 개인을 탓하기는 쉽다. 하지만 별다른 선택지를 주지 않은 냉담한 사회로 시선을 돌려야 하지 않을까. 가두리를 치고 몰아낸 우리 안의 이기적 욕망을 비춰야 할 때다.

문 앞에서

<스즈메의 문단속 Suzume 2023>

   '과거의 나에게 편지를 써 보세요. 지금의 내가 할 말이 있을 겁니다.' 글쓰기라는 영역에 들어가서 닥치는 대로 써보던 때. 글쓴이의 소개 글로 '나에게 쓰는 편지'를 제안했다. 과거를 돌아보면 그리운 사람도 있겠지만 난 다시는 그 시간을 반복해서 살고 싶지 않은 사람이다. 집에 돌아와 오래된 사진첩을 뒤적거렸다. 글과 함께 사진 한 장을 제출해야 하는데, 대부분 친정에 두고 왔기에 어린 시절 사진이랄 게 없었다.

   한참을 뒤진 후에 사진 몇 장을 찾았다. 그중 하나를 집었다. 바지 타령으로 바지를 추석빔으로 샀던 때다. 어느 호수 근처 햇살 아래 아빠와 나란히 있는 사진이었다. 양 갈래로 땋은 머리를 하고 웃고 있는 사진을 집었다.

그곳에서의 내 시간은 여전히 불안 속에 있었지만, 지진이 일어나기 전의 평온함도 있었다. 아빠의 눈빛은 정상에 가까웠고 내 말은 무조건 들어주는 내 편으로 존재하던 때였다. 그 시간에서 멈추었다면 얼마나 좋았을까.

아빠의 의처증이 불안증을 넘어 조현병으로 굳어지기까지 악몽의 터널로 들어가기 전이다. 공기 속에 묻어나던 불온한 진동 속에 놓여있던 시간. 무조건 내 편이었던 아빠를 적으로 돌려야 했다. 파멸이 잔인하게 날을 갈고 있는 줄 몰랐던 평화로운 나들잇길. 사진에 나는 씩 웃고 있었고, 아빠는 카메라도 나도 아닌 알 수 없는 곳에 시선을 두고 있었다. 형제들은 아버지가 무섭고 어려워 가까이 가지 못했지만, 나는 늘 예외로 남아서 그 어둠 속에 바짝 다가갔던 때. 나는 어쩌면 감지했는지도 모른다. 온전히 따뜻하지 않고, 이상하고 또한 위험하다는 것을. 하지만 그 사람이 아버지였고, 또한 나를 사랑하는 쪽이었으니 나는 믿어야 했다.

사진을 들고 생각에 잠긴 나는 닫아버린 과거의 문을 조금 열고 있었다. 몇 년 전부터 비집고 나오기 시작한 먹구름의 존재를 나는 알고 있었는지도 모르겠다. 내가 문을 연다면 나는 문을 잘 닫을 수 있을까. '괴물과 싸우는 사람은 그 과정에서 자신마저 괴물이 되지 않도록 주의해야 한다. 그리고 그대가 오랫동안 심연을 들여다볼 때 심연 역시 그대를 들여다본다.'라는 니체의 말이 떠올라 순간 소름이 돋았다. 문 앞에서 망설이며 살짝 비친 그 시간 속 어린 나에게 시간을 건너온 내가 다독거리는 글을 쓰고 잠시 물러났다.

영화를 보며 그때의 내가 떠올랐다. 문을 잘 닫기 위해 잘 열어야 하는 이야기를 담고 있는 <스즈메의 문단속 Suzume>에는 많은 문이 등장한다. 문은 공간과 공간을 분리하기도 하고, 잇기도 하는 통로가 된다. 동일본 대지진을 이야기하는 산카이 마코토 감독의 애니메이션이다. 감독은 2011년 3월 11일 발생한 재난으로 수많은 사람이 죽고 상처를 안고 살고 있지만, 고작 11년이 지난 지금 세상은 재난의 아픔을 이야기하는 것조차 터부시하는 모습을 보고 영화를 만들게 되었다고 한다. 4월 16일 오픈 채팅방에 세월호를 기억하자는 이야기가 올라왔을 때 어떤 사람은 "또 그날이냐"며 지겹다는 댓글을 달았다. 비정한 반응이었다. 우리 사회도 나쁜 일에 대해 무조건 빨리 치우고 덮어버리려 하는 모습을 본다. 타인의 아픔을 터부시하고 억누르려는 사람들을 본

다. 내 일이 아니라서 나와 관계없는 일이라서 그런다고
한다. 먹고 살기 바쁜데 그만하자는 사람들. 지겹다는 반
응은 우리도 마찬가지다. 감독은 아픔에 대한 치유와 제
대로 된 극복을 위해 문을 잘 열고 잘 닫고 싶었다고 말
한다. 살아남은 것이 죄스러움이 되는 상황을 바꾸고 싶
었다고 한다.

　나는 나에게조차 이런 식이지 않았을까. '뭐 좋은 기
억이라고 과거를 떠올리고 생각할까. 빨리 잊고 앞으로
나가자. 그냥 무지 재수가 없었을 뿐이다. 그 시간에 멱
살 잡혀 끌려다닌다면 너만 손해다. 어서 지울 수 있다면
지워버려. 이제 너도 다 크고 심지어 부모가 되었잖아.
어차피 세상에 너를 진심으로 이해할 수 있는 사람은 없
어. 색안경을 끼거나 경계하는 눈빛만 있겠지. 그러니 네
가 그 어둠을 봉쇄해야 해. 미련 없이 문을 닫아버려.' 그
렇게 난 나에게 폭력적이었다.

　세상엔 부모님의 사랑과 은혜를 이야기하고 돌아가신
부모님을 그리워하고 좀 더 잘해주지 못했음을 자책하는
후회로 가득하다. 이 세상이 다 등을 돌려도 부모만은 내
편이라는 친구 앞에서 부러움보다 절망을 느꼈다. 아빠
와 나는 서로의 죽음을 저주처럼 퍼붓고 잘못되기를 빌

었다. 부모이기에 더 이해할 수 없고, 용서할 수 없는 시간을 살아왔다. 아이에게 부모는 일방적으로 큰 존재다. 그가 외출하면 어디 교통사고라도 나서 깡그리 사라져버렸으면 좋겠다는 마음과 내가 최고라며 나만 특별하게 대했던 사랑의 그림자 사이에서 늘 혼란스러웠다. 단지 병일 뿐이라고 이성적으로 생각하기에는 너무 가깝고 지독하게 긴 시간이었다.

이해할 수 없는 상황을 수없이 이해하고 어떻게든 수습하려 했던 어린 나는 차츰 자라서 냉소적인 성인이 되어갔다. 그리고 내가 희생해서 평화가 찾아온다면 그를 죽이고 같이 사라지면 되겠다는 결론에 이른다. 칼을 들이대는 그가 더는 두렵지 않았다. 오히려 칼만 들고 설치는 그가 가소로웠다. 나는 칼을 들고 찌를 수 있는 어둠이 되어 있었다. 사흘이 멀다고 난리를 피우는 그는 환청, 환시를 수시로 일으켰다. 그는 모든 환각 속에 사는 듯했다. 밤낮이 없었고 경계가 없었다. 내 눈엔 그저 암적 존재로밖에 여겨지지 않았다. 미래로 향하는 자식의 발목에 녹슨 족쇄처럼 끈덕지게 훼방을 싸지르는 존재.

정신병원에 가야 했던 그를 가족이 끌어안고 있었다. 끝내 씻을 수 없는 상처를 있는 대로 남기고 늙은 나이에 그는 요양병원으로 갔다. 당뇨병으로 눈이 멀었고, 손발이 굳어가던 그는 낯선 상황에 주눅이 들어 얼어버렸다. 극도의 불안에 침대밖으로 잘 나오질 않는다고도 했다. 가끔 엄마의 닦달에 마지못해 찾아가면 치매로 과거를 띄엄띄엄 잊은 아빠는 내 손을 잡고 좋아했다. 어린 시절 우리 딸 맛있는 거 사 먹으라며 동전을 몰래 쥐여 주던 아빠의 손이 희미하게 남아 있었다.

<스즈메의 문단속>에서 주인공 스즈메는 자신의 트라우마를 정면으로 맞이한다. 누구에 의해서가 아닌 스스로를 위로한다. 본인의 아픔은 타인들이 어찌할 수 없는 깊이를 가진다. 그건 자신이 해결하지 않으면 영원히 회복 불가능한 영역인지도 모르겠다. 시간이 멈춘 곳, 죽음의 공간, 모든 시간이 통합된 뒷문 '상세'를 찾은 주인공은 그 문을 열고 과거 지진의 소용돌이 속에 엄마를 잃고 폐허 속에서 헤매던 어린 나를 찾아간다. 간혹 꿈속에서 자신을 부르던 그 목소리는 엄마가 아닌 스즈메 자신이었다.

그리고 펑펑 울고 있는 작고 어린 스즈메를 미래의 스즈메가 찾아내 안아준다. 지진을 일으키는 붉은 재앙 '미미즈'를 누르고 있던 요석[*] '사다이진'과 '다이진'은 동서

에서 그 기운을 막고 있었다. 음과 양의 기운으로 상징되는 그 요석들은 통합되어야 함을 이야기하고 있다. 밝음만이 남아서 미미즈를 통제할 수는 없었다. 어둠으로 균형을 잡아야 했다.

어린 스즈메가 그 당시의 일기장을 시커멓게 검은색으로 칠해버린 때가 마음이 아팠다. 봉쇄해 버린 그 시간이 너무 길다. 그곳으로부터 제대로 빠져나오려면 어찌해야 할까. 영화에서는 간절한 마음을 담아 그 장소에 남아 있던 사람들을 떠올리면 문에 열쇠 구멍이 나타난다. 그 문 앞에서 눈을 감으면 그곳에 살았던 사람들의 "잘다녀오겠습니다."라는 인사의 말이 메아리친다. 그리고 죽음으로 건너가 고요가 된다. 돌아올 곳도 돌아올 사람도 사라졌다. 재난으로 폐허가 된 그곳에서 간절한 기도를 하며 열쇠를 넣고 잠근다. 드디어 상처는 진정된다.

문 앞에서 망설이는 나는 문 안에서 떨고 있는 나를 안아줄 수 있을까.

---

* 요석은 일본 신화에서 지진을 막는 신의 도구로, 메기의 머리와 꼬리를 눌러 재앙의 문을 닫는 역할을 한다. 실제로 도쿄 근교의 카토리 신궁과 이바라키현 가시마 신궁 등에서 요석을 볼 수 있다. 영화 <스즈메의 문단속>의 요석은 재앙을 막는 상징적 돌로, 일본 신화와 전통 신앙을 바탕으로 하며, 영화에서는 희생과 봉인의 의미를 담아 사용된다.

길 위의 삶

<노매드랜드 Nomadland 2020>

노매드 재탄생

<노매드랜드 Nomadland>는 경제 위기로 집을 잃은 사람들이 나온다. 집을 잃은 후 주체적으로 집 없이 살기를 선택한 자발적 유랑민의 이야기라고 소개되었다. 우편 주소조차 사라진 그야말로 황량하게 변해버린 텅 빈 도시가 등장한다. 미국 서부의 엠파이어 석고 광산이 폐쇄되는 과정에서 주인공 펀(fern)은 어느 순간 사랑하는 모든 이들과 그들과의 추억이 있던 곳을 잃어버렸다.

경제적 상황의 악화로 유령마을처럼 변해버린 그곳은 모든 게 황폐해져 사람이 살 수 없다. 한 기업이 무너지자 융성했던 마을은 흩어졌고 하루아침에 사람들은 시스

템 밖으로 내몰리게 된다. 따뜻했던 집과 사랑하던 남편을 놓쳐버린 그 끝에는 대출금과 병원비만 남았다. 지나온 인생이 고스란히 수장되었다. 빚을 다 갚고 나니 남은 건 중고 밴(van) 하나였다. 그녀는 떠난다.

신자유주의는 무한 생산의 화려함 뒤 퇴로 없는 추락이 예고된 게임이었다. 하나의 기업이 망하면서 그 기업에 속한 개인까지 망가졌다. 국가도 그들에게 안전 그물망을 제공하지 못했다. 금융위기, 실업, 부동산 버블, 노인 빈곤. 이것은 먼 나라 이야기가 아니라 이미 닥친 우리의 현실이다.

영화는 제시카 브루더라는 저널리스트가 3년에 걸쳐 길 위의 삶을 취재한 책이 바탕이 되었다. 실제 그 책에 등장하는 실존 인물들이 영화에 나온다. 본명으로 자신의 인생을 연기하지 않고 그대로 드러낸다. 두세 명의 배우들이 투입되어 픽션과 논픽션을 결합했다. 영화에서는 물러난 카메라의 시선이 묵묵히 그들을 거대한 자연 속에서 지켜보며 따라간다.

미국 역사에 노매드는 처음 있는 일이 아니다. 짧은 역사를 가진 미국에는 서부 개척기, 대공황 그리고 히피 열풍으로 유랑민의 형태는 있었다. 그 옛날 노매드는 유행처럼 떠돌다 결국 정착을 선택했다. 하지만 2008년 금융위기로 중산층 붕괴 사태에서 일어난 노매드는 한시적이 아닌 영원히 떠도는 삶이다. 그리고 그들 대부분은 노인이다. 길 위에 서 있는 많은 이들은 은퇴 후 계절노동을 하며 떠도는 삶을 산다. 누구보다 열심히 살았던 그들은 처음부터 노매드를 선택하지 않았다. 정확히는 내몰린 사람들이다. 그러나 한쪽에선 주체적으로 선택한 삶이라고 한다. 하지만 이들에겐 선택지가 많지 않았다. 즉 20가지의 선택지가 아닌 2가지 선택지를 놓고 선택한 삶이라 할 수 있다. 미니멀한 삶이라고, 자유로운 삶이라고, 추앙하는 시선도 있지만, 그들은 70이 넘도록 여전히 오늘의 빵을 위해 한시적 일자리를 찾아 뛰어야 한다. 추운 겨울, 기름값이 아까워 차 안에서 온몸을 웅크린 채 떨어야 한다.

　단기 아르바이트로 일하게 된 아마존에서 펀은 제자와 마주친다. 소녀는 펀에게 '홈(home) 리스'냐고 물었다. 그러자 자신은 '하우스(house) 리스'일 뿐이라고 말한다. 집은 없지만, 가정이 없는 것은 아니다. 즉 일반적으로 생각하는 물리적 집은 없다. 하지만 내가 개조한 차량이 내가 머무는 집이다. 자신이 일하고 꾸리는 일인

(一人) 가정인 셈이니 자본의 체제에서 거리로 몰린 '홈리스' 즉 구걸하는 거지는 아니다. 이 말은 그들이 마지막까지 지키고 싶은 자존심인지도 모른다.

그들은 평생 낭비하는 시간 없이 열심히 살았다. 대출을 받아 집을 얻으라고 부추기는 사회에 발맞추어 집을 얻었고, 빚을 갚기 위해 더 열심히 살 수밖에 없었다. 하지만 자신의 의지와는 무관하게 불어나는 빚과 늙어가는 육체가 남긴 병으로 모든 것을 잃고 거리로 내몰렸다. 노인연금으로는 집세 내기도 버거웠고 평생을 일했지만, 노년의 휴식은 없었다.

낯선 노매드의 삶 속에서 서로를 버티게 한 것은 길 위에서 만난 또 다른 노매드였다. 그들과 함께 노인의 몸으로 새로운 삶을 또다시 배워야 했다. 서로의 온기를 나누며 위로하고 한편 긍정했다. 혼자 떠돌며 살기 위한 기술이나 비법을 서로 가르치고 배웠다. 물건들을 교환하며 가진 것을 나누었다. 그리고 남아 있는 시간 끝까지 달리다 죽음으로써 자연의 품에 휴식하게 될 것이다.

고독과 외로움의 시간은 모든 것을 잃었지만 다행히 뭔에게 치유의 시간이 되었다. 그들 속에서 새롭게 배운 지혜와 따뜻함 그리고 광활한 자연 앞에서 자신에게 들

길 위의 삶

이닥친 상실과 사별의 트라우마를 치유하는 여행 아닌 여행이 되었다. 낯선 삶 속, 낯선 이들이 건네는 위로는 편을 다시 일으켜 세웠다. 무너진 삶에도 절망하지 않고 무릎 꿇지 않은 강인한 의지 앞에 숙연해진다. 하지만 나는 여전히 이 영화가 불편하다.

그들이 용감하고 정직하게 운명에 맞선 점은 긍정할 수 있다. 하지만 그들이 주체적으로 선택했다는 말이 마치 남아 있는 휴식을 가로챈 보이지 않는 도둑을 두둔하는 것은 아닐까 하는 두려움이 있다. 늙은 몸을 자신의 집 밖으로 쫓아내고, 아무런 책임이 없는 신자유주의 시스템의 간악하고 뻔뻔한 모습을 눈감아 주게 되는 꼴이 아닌가. 이 면죄부가 나를 불편하게 한다. 설령 자연의 품에서 치유가 되었다고 해도 황량한 벌판에 선 그들이 자연에서 휴식하며 편안한 여행 중이라 생각하는 사람이 있을까. 다만 내려놓았다는 표현이 더 맞는 것인지도 모른다. 내려놓지 않으면 자신의 우울 속에서 파괴될 것이기에. 남은 시간을 그렇게 낭비하고 싶지 않은 그들의 자존감이 불안을 밀치고 내려놓음을 선택했다고 본다. 곤궁한 처지에도 끝내 인간의 위엄을 놓지 않는 노매드들이다.

선택 속 진실

떠밀린 삶 끝에 유랑의 삶을 선택했던 것은 어쩌면 마지막까지 자존을 지키고 싶었던 내면의 저항인지도 모른다. 우리의 현실이 거울처럼 비친다. 펀이 자동차 고장으로 돈을 빌리러 동생 집을 찾았을 때 사람들이 주고받던 대화에 그녀는 얼굴이 굳어진다. 사람들은 집값이 폭락했을 때 그 집을 사두었더라면 지금 몇 배는 올랐을 텐데……라며 경제불황 속 부동산 투기를 이야기한다. 타인의 고통을 기회 삼아 또 다른 누군가를 밟고 올라서는 게 당연한 일처럼 이야기한다. 그 기회를 잡지 못한 것은 어리석은 일, 후회할 일이라고 쉽게 이야기한다. 하지만 신자유주의의 약탈적 구조에 점점 극으로 갈라지고 있는 현실에서 누구라도 밀려나 길 위에 설 수 있다. 내가 가지는 자가 아닌 뺏기는 자가 될 수 있다는 것을 사람들은 쉽게 망각한다.

영화에서 노인 유랑자에게 단기 일자리를 제공하는 아마존이라는 기업이 등장한다. 사실 떠도는 노인들은 노조를 만들 수도 없고, 노인 고용으로 심지어 40%의 세금혜택이 주어지기 때문에 단발성 고용을 통해 일자리를 주는 것이다. 서로에게 상호이익이라는 긍정적인 시선이 있지만, 인생의 마지막까지 노동을 착취당하고 있다는 생각밖에는 들지 않는다. 10달러를 주고 고용하는 속내는 실제로는 6달러로 더 값싼 인력을 부리고 나머지 고용비는 세금혜택으로 또다시 거대기업의 배만 불려주는 구조가 숨어있다.

지금 노매드는 길 위의 삶을 선택한 선구자가 아니라 내몰린 삶의 현실을 선구자로 포장한 것이다. 닥친 운명 앞에서 눈물 흘리고 후회하기보다 자존을 지키고 당당하게 버티는 시간은 감동으로 와 닿지만, 그 삶이 오로지 자유를 위한 선택이라기보다 자본주의에 단물을 빨리고 일회용품 쓰듯 버려진 모습을 포장하고 미화한 듯하다. 영화를 보는 동안 고독한 시간이 자유로우면서도 허망했다. 그래서 모든 이들이 찬사를 보내는 그 자유가 불편했다. 그들처럼 떠나고 싶다고 말하는 이들. 미니멀한 삶이라고 동경하는 시선들이 타인의 고통을 바라보는 위선 같다. 자연 속에 맡긴 삶, 오로지 혼자 남은 고독, 가진 것 없는 당당함이라는 번지르르한 말이 그 추위와 쓸쓸함, 죽음 직전까지의 노동과 대비되었다. 타인의 불편한 시선을 쓸쓸히 외면하는 모습이 우리의 부러움을 살만한 것인가. 사회로부터 분리되고, 내일을 알 수 없는 시간 속에 떠도는 길이 진정 아름다운 길일까.

마지막에 엠파이어 마을을 떠난 펀은 다시 돌아온다. 여전히 마을은 앙상하게 텅 비었고 원점으로 돌아온 것처럼 보이지만, 떠날 때 불안하고 슬펐던 모습의 그녀는 편안하고 홀가분한 심정이 되어 집 뒤편으로 펼쳐진 황량한 벌판 앞에서 노매드적인 삶을 완전히 자신의 삶으로 수용한다. 두 번째 떠남을 앞두고 진정 다 내려놓고 휘둘리지 않게 된 모습이다.

고독하지만 세상에 당당히 어깨를 편 홀로서기에 박수를 보낸다. 하지만 우리가 서로를 끌어안지 못하고 '의자 뺏기 놀이'를 하는 것은 아닌가 하는 마음을 여전히 지울 길 없다. 가스가 빠져나간 구멍 난 돌을 선물로 받은 펀이 그 구멍을 통해 바깥을 보는 장면이 있다. 구멍은 창이 되어 아름다운 자연을 보여준다. 비어 있지 않았다면 볼 수 없었던 장면이다. 거대한 자연 앞에 한없이 작은 인간이다. 우주의 시간에 비추면 하루살이만도 못한 운명이다. 기적 같은 서로를 보듬고 사랑하지 못해 밀치고 찌르며 얻은 것은 무엇일까. 우리는 여전히 가지려고만 했지 비우려고는 하지 않는다.

길 위의 삶

인류가 정착 생활을 한 것은 신석기 무렵이다. 인간은 떠돌며 수렵과 채집을 통해 삶을 영위하는 유목민의 생활을 하고 있었다. 지구의 땅은 경계가 없었고 누구의 땅도 아니었다. 유럽인이 대륙을 침략하고 미국 원주민을 대상으로 땅을 팔라고 했을 때 시애틀 추장은 말한다. "어떻게 당신들은 하늘과 대지의 따사로움을 사고팔 수가 있습니까? 그러한 생각은 우리에게는 이해가 되지 않는 일입니다." 지금의 우리는 이들과는 아득히 멀어졌다.

지구의 땅은 근본적으로 누구의 소유도 아니다. 그리고 인간이 유한한 시간을 바쳐 구하는 집은 죽을 때 가져갈 수 없는 물질이다. 그것을 위해 우리가 치르는 대가는 무엇일까. 유한한 그 시간에 누려야 할 사랑과 추억을 저당 잡혔다. 가질 수도 없는 물질에 사로잡힌 우리의 모습이 보인다. 죽음까지 가져갈 수 있는 건 사랑했던 기억뿐이다.

인간의 삶은 한 단어로 생로병사다. 인생의 찬란한 여름날은 짧다. 하지만 그 찬란함을 피우기 위해 달려간다. 지금 우리는 눈을 감고 달려가는 삶이다. 모든 것을 빠르게 지나치며 달리는 끝에 무엇을 가지려 하는 걸까. 겨울

날 눈꽃은 하나하나 특별한 아름다움으로 하늘에서 내린다. 그리고 곧 사라진다. 금방 사라질 눈은 왜 그리 아름다울까. 하지만 세상 유일한 모습으로 나타나 길 위에서 사라지는 건 눈만이 아니다. 우리도 마찬가지다. 타자의 눈물을 외면하는 우리 또한 누군가의 타자다. 유한한 시간 빛나는 모습으로 서로 존재하길 바란다.

기억되는 한 살아 있다는 편의 말은 헤어지는 인사를 하지 않는 노매드 공동체의 느슨한 끈이기도 하다. 서로의 기억 속에 아름다운 기적처럼 존재하길 바라본다.

시선

<언더 더 스킨 Under the Skin 2014>

보이지 않는 그 너머를 우리는 볼 수 있을까. 익숙한 세상을 벗어날 수 있을까. 새로운 눈을 가진다는 것은 과연 가능할까. 영화 <언더 더 스킨 Under the Skin>을 보고 나면, 연이은 질문들이 꼬리를 물고 이어진다. 그리고 낯선 시선으로 본다는 것이 두려워지기도 한다.

몇 안 되는 원소들로 이루어진 우리는 우연히 한데 모였다가 홀연히 흩어지는 존재다. 죽음 이후 다시 하늘로 올라가 공기로 퍼지고, 비가 되고 눈이 되어 자연에 스며든다. 유한한 시간을 사는 우리는 우주에서는 먼지 같은 찰나의 반짝임이고, 하루살이에 비교하면 무한한 시간을 사는 것처럼 보이기도 한다. 생명의 시간은 상대적이다. 그리고 짧은 시간 속에서, 어쩌면 평생을 '나만의 시선'이라는 좁은 우주 안에 갇혀 사는 건지도 모른다.

자기 객관화는 어려운 일이다. 내 안의 시선 밖으로 나가는 길은 쉽지 않다. 게다가 나도 모르게 나를 규정하고 통제하는 그 많은 껍질을 파악하기란 묘연해 보인다. 어쩌면 그것을 알아차리는 순간이 두려울 수도 있다. 우리는 장소나 상황에 따라 조금씩 다른 가면들을 쓰고 살아간다. 역할극에 맞춘 다양한 모습은 일종의 껍질이다. 자기만의 시선으로 이뤄진 각자의 우주는 겹겹이 쌓인 껍질로 시간이 갈수록 두꺼워진다. 우리는 자신 안의 이 험준한 산맥을 넘을 수 있을까. 게다가 우리를 둘러싼 껍질 중 보이지 않는 편견의 껍질은 또 얼마나 두꺼운가. 몰랐거나 당연하다고 여겼던 생각의 오해들은 얼마나 많았던가. 거울 속의 나는 어제의 내가 아니고, 타인이 보는 나 또한 내가 아니다. <언더 더 스킨>에 등장하는 외계 생명체의 시선을 빌려 새로운 눈으로 세상을 본다. 낯선 존재가 되어 인간을 관찰하고 느낀다. 그 낯선 거울 앞에서 본 것은, 그 이전으로 돌아갈 수 없게 만들었다.

소설가들은 외계인이 등장하는 소설을 쓰려 할 때, 가장 먼저 외계인이 어떤 모습으로 지구에 도착할지 고민한다고 한다. 그러나 여기에 등장하는 외계인은 그런 고민을 비웃듯, 가장 익숙하고 매혹적인 형태, 즉 스칼렛 요한슨의 육신을 입고 우리 앞에 나타난다. 그녀는 거리를 활보하며 남성들을 유혹한다. 인간 여자로 변한 아름다운 모습의 외계 생명체. 그녀가 뒤집어쓴 사람 껍질을 보고 달려드는 인간들은 모두 그 내면에는 관심이 없다. 그러다 어느 순간 껍질이 벗겨지자 익숙하지 않은 모습을 보고 두려움에 물러난다. 눈, 코, 입도 없는 시커먼 형체가 낯설기만 하다. 인간들은 살아 있는 그 생명체를 두려움에 태워버린다. 그들이 본 것은 오직 껍질이었다. 그 안은 관심도 없고, 애초에 보려 하지도 않는다. 우리가 본다는 것은 결국 겉이다. 그 얇은 막의 내부로 뛰어들지 않는다. 서로의 번역을 기다리는 생명체들. 그 다름이 아득하다.

외계 생명체는 낯선 지구에서 아름다운 여자의 모습으로 변한 채, 옷을 입고 차를 몰며 무심하게 세상을 둘러본다. 차창 밖으로 인간들이 가득하다. 그들에게 인간은 단지 먹잇감일 뿐이다. 겉모습에 자석처럼 끌려오는 인간 남자들. 죽음의 공포와 성의 유혹은 맞닿아 있다. 암컷 사마귀에 달라붙은 흥분한 수컷 사마귀처럼 아무런 저항 없이 스스로 옷을 벗고 흥분 속에서 자석에 이끌리

듯 먹이 사슬 속 죽음의 액체에 잠긴다. 육체는 해체되고 껍데기만 남게 된다. 외부의 시선에는 개미나 사람이나 동물이나 다를 바 없다. 먹이는 그들이 생각한 대로 소비된다.

거울을 보고 있는 그녀의 무표정한 얼굴과 인간들의 공허한 표정을 번갈아 보며, 그녀의 시선을 따라간다. 외계인의 시선은 우리 자신을 낯설게 만들고, 우리가 당연하게 여겼던 모든 것을 다시 보게 한다. 우리가 추구하는 아름다움 우리가 갈망하는 욕망은 결국 무(無)로 돌아간다. 우리는 그 껍데기에 갇힌 존재, 욕망이라는 늪에 빠져버린 존재처럼 보인다.

하지만 인간의 껍질을 쓰고 인간의 언어를 배우고, 인간을 만나는 동안 외계 생명체는 혼란스러워진다. 이 검은 생명체는 인간의 껍질만 빌렸을 때는 몰랐던 인간 사회 속 예상치 못한 감정들을 만나게 되면서 혼돈의 회오리에 휘말린다. 관찰자로 차 안에서 사냥할 때는 감정의 동요도 흔들림도 없다. 차에서 내려 세상을 걸어본다. 세상 안으로 들어간다. 거울을 바라보고 자신을 본다. 며칠 전 기억 속 아기의 슬픈 울음, 누군가를 살리기 위해 뛰어드는 남자의 모습, 장미를 건네는 미소와 설렘, 따뜻한 배려와 친절, 텅 빈 외로움과 고독을 마주한다. 육체의 껍질을 넘어 인간을 인간이게 하는 것을 마주했을까. 이제 더는 사냥할 수 없을 것 같다. 바로 그 순간 껍질뿐인 또 다른 인간에게 사냥감이 되어 찢긴다.

이상하고 낯선 이야기에 허우적대다 보면, 익숙하지 않은 낯선 시선에 빨려든다. 영화는 익숙한 세상을 낯선 시선으로 체험하게 한다. 인간 문명을 벗어나 외부 시선에서 바라본 인간은 비참하고 폭력적이다. 생태계 속에 기생하며 다른 생명체를 파괴하는 모습. 같은 종인데 타인을 착취하고 학대하는 모습. 겉모습에 나눠진 어리석은 기준들에 서로를 파괴했던 시간이 자연스럽게 떠오른다.

변화란 익숙한 것, 너무 당연하다고 생각하는 면을 뒤집어 보는 것에서 시작된다. 똑같은 세상 풍경이지만 시선을 바꾸자 생경하게 다가오는 세상이다. 우리의 이성이 만든 기괴한 껍질을 낯설게 본다. 우리가 인간이라고 느끼는 모습은 자기희생, 사랑, 연민, 배려라는 가치들이 있을 때다. 인간 문명은 자본과 돈, 발전이라는 이름 아래 이 모든 핵심 가치를 쓰레기 버리듯 버렸다. 인간은 눈이 멀어 짐승이 되었다. 이제는 서로를 사냥감으로 노리는 시선을 거두고, 잃어버린 것을 다시 떠올려야 할 때다.

　우리는 과연 누구인가. 우리가 서로를 바라보는 시선은 진정으로 이해하려는 시선인가, 아니면 그저 껍데기만 바라보는 시선인가. 인간은 스스로에게도 낯설고 또 거울 속의 이방인처럼 서로에게도 낯선 존재로 남아 있는 건 아닐까.

누구를 위한 조이랜드

<조이랜드 Joyland 2023>

결혼 전 직접 찾아와 자신의 의향을 물으러 와준 남자 때문에 마음을 열었을까. 뭄타즈는 조건 하나만 물어보고 결혼을 승낙한다. 사실 여자의 의사는 크게 상관없었지만, 그래도 자신의 의견을 물어주는 남자였다. 장기판의 말이 되어 결혼하라면 하고, 아이를 낳으라면 낳고, 아들이 아니라면 아들을 낳을 때까지 딸을 계속 낳아야 하는 현실. 백수로 살던 아들이 취직하면, 아량으로 허락해 준 며느리의 직업은 당연히 내려놓아야 한다. 그 결정은 가족의 꼭대기에서 하는 일 없이 돌봄을 받는 시아버지가 한다. 그 앞에서 아내의 편을 들지 못하는 또 하나의 장기 말인 남편 하이더르. 결혼하면 여자는 모두 가사도우미가 되어야 하는 나라. 하지만 모든 것이 당연해

서 당연하지 않다는 생각조차 내뱉을 수 없는 곳. 그곳을
그리는 <조이랜드 Joyland>다.

집안은 서로 그 판을 옥죄는 감시망이 되어 뒤엉킨 가
족이 모여있다. 휠체어에 의지한 채 권위만 남은 시아버
지는 집안일을 적극적으로 맡아서 하는 작은아들 덕에
그동안 불편 없이 지냈다. 자기 일을 무엇보다 사랑하는
뭄타즈는 남편 대신 돈을 벌어왔다. 그녀는 결혼 전 하이
더르에게 결혼한 뒤 일을 계속할 수 있는지 단 하나의 조
건을 물었고, 그가 괜찮다는 말에 미소를 띠며 좋아했다.
그거 하나면 되었다는 안도의 모습이었다. 일은 그녀에
게 존재 이유였는지도 모른다.

시간이 흘러 시아버지의 생일. 뭄타즈는 쳇바퀴 같은
시간 속에서 이대로 늙어 이웃 할머니처럼 되는 게 수순
인 삶이 눈앞에서 파노라마처럼 보였다. 숨 막히는 현실
에 놓인 자신을 직시하는 시간. 그날 그녀는 어린 조카들
과 숨바꼭질 놀이 중 비명을 지르며 뛰어다닌다. 즐거움
을 가장한 괴성 속에서 친척들은 그저 뭄타즈의 뱃속 아
이를 걱정할 뿐이고, 사람들의 시선에 그녀의 존재는 없
었다. 이곳의 여자들은 아이를 낳는 도구일 뿐이다.

그날 저녁 뭄타즈는 화장실 변기 뚜껑에 몰래 숨긴 병

을 들고 마시기 시작한다. 술인지 약인지 알 수 없지만, 결국 그녀는 아이를 가진 채로 죽음을 맞이한다. 낯선 존재와 사랑에 빠져 아내에게 무심한 하이더르는 그 순간을 눈치채지 못하고 지나쳤다. 그녀의 남편은 일하러 나간 건지 트랜스젠더 비바와 바람을 피우러 나간 건지 몸도 마음도 들떠있다. 무책임한 모습으로 사춘기 소년처럼 방황하는 백지 같은 하이더르. 숨 막히는 현실에 마음의 의지처 없이 불안한 심정의 뭄타즈는 동서 누치에게 도망치고 싶다는 말을 농담처럼 건네며 초조한 자신의 심정을 넌지시 알렸었다. 출구가 보이지 않는 지옥에서 선택조차 어쩌면 사치다.

가부장제는 모두를 감옥으로 만드는 보이지 않는 그물을 생산한다. 여자는 자라서 시집을 가면 평생에 걸쳐서 가사도우미를 해야 한다. 그녀만의 독특한 색은 거대한 회색의 소용돌이 속으로 뒤섞인다. 여자는 대를 잇기 위한 도구. 아들을 낳지 못하면 부산물처럼 끝없이 딸을 낳아야 한다. 그녀가 무엇을 배웠고 잘하는지는 중요하지 않다. 주위가 다 같은 모습으로 살아가니 다른 생각조차 들어올 틈이 없다.

남자는 한 치의 의심 없이 대를 이어 폭력적 의식을

물려받는다. 타자에게만 휘두르는 것은 아니다. 자신도 보이지 않는 족쇄에 묶인다. 그 가정의 구조 안에서 답습하고 권력의 라인에 서면 더는 족쇄가 보이지 않게 될 테니까 굳이 저항하며 아웃사이더가 될 필요는 없다. 언제나 억압의 주체가 되는 쪽으로 자신을 몰아가면 된다.

그곳 여자들은 여자의 시선이 아니라 남자의 시선으로 다른 여자들을 대한다. 다른 세상을 본 적 없으니 다른 답은 알 수 없고, 보이는 대로 생각하게 된다. 울타리에 갇혀 살아가는 모습이다. '너만 그렇니? 나도 그렇고 너의 엄마, 할머니 모두 그렇게 살아왔어. 다른 생각은 위험한 거야.' 그들은 생각하지 않은 나태함에 물들어 버렸다. 그래서 뭄타즈가 죽음을 맞이한 후 장례식에서도 가족을 잃은 슬픔은 없다. 아이를 낳고 죽든지라는 분노와 아쉬움만 있을 뿐이다.

그렇게 여자들이 나이가 들면 이제 아들의 명령과 질서에 따라야 한다. 옛 조선의 삼종지도가 생각나는 지점이다. 불과 얼마 되지 않은 역사고 시대가 변했다고 하더라도 문화는 더디게 변하므로 여전히 눈에 띄는 모습이라 낯설지 않다. 누가 시작했을까. 누가 행복할까. 사실 등장하는 모든 사람이 불행해 보였다. 여기서 행복한 가

누구를 위한 조이랜드

족은 철없는 아이들 말고는 없었다.

하나의 틀과 고정관념 속에 생각이 더하고 더해져 창살만 남았다. 가장 사랑으로 충만해야 할 가족들을 기괴하게 찢어 놓는다. 그 틀은 남녀에서 트랜스젠더의 시선까지 확대되며 남자가 아닌 것은 모두 억압으로 몰아넣고 있다. 딸, 아내, 어머니, 또 남자였지만 여자가 되려하는 이까지 남자라는 수직의 질서를 지키기 위해서 그 모든 것은 억압해야 할 대상이 된다. 나중에는 남자 안에서도 수직 질서 속에 서로를 또 다른 틀 속에 가둔다.

인간이 만든 세계에 아웃사이더는 늘 존재했다. 여성 또한 남성이 지배하는 사회에 온전히 속하지 못한 아웃사이더다. 하지만 이 아웃사이더는 소수가 아니라 세계의 절반이다. 이분법으로 나누어진 세상에서 연결의 지점을 찾을 수 있는 시작은 내 안의 타자성에 눈 뜨는 것이지만, 모두가 검은색이라고 입을 모아 말하는 세상에서 흰색이라고 말할 용기는 쉽지 않다.

주류라고 일컫는 사람들은 자신이 쥔 권력과 욕망에 취해서 타자를 이해하기가 쉽지 않다. 보호라는 억압, 관습과 문화라는 도덕을 내세워 결국 누구를 위한 조이랜드를 만들고 있는지. 나는 아니라고 자신 있게 말할 수 있을까. 지난 역사라고, 이제는 달라졌다고, 그런 틀은 없다고 말할 수 있을까. 벌거벗은 임금님에게 당신은 벌거벗었다고 말하지 못하는 수많은 군중이 모두 그 기괴한 오늘날 조이랜드의 주인공들이다.

시간의 운명

<컨택트 Arrival 2017>

탐험을 멈춰서는 안 되네

그 탐험의 끝에 우리는

출발했던 곳에 도달할 테지

그리고 처음으로 그곳을 알게 될 테지

— *T.S. 엘리엇 <네 개의 사중주>*

영화는 책 『네 인생의 이야기(Story of Your Life)』가 원작이다. 영화를 먼저 만났고 후에 책을 들었다. 영화뿐만 아니라 책도 좋았다. 영화 <컨택트 Arrival>를 보면서 문득 '피할 수 있는 것을 피하지 않는 것이 운명'이라고 말한 시인이 떠올랐다. 영화는 주인공 언어학자 루이스와 물리학자 게리가 어느 날, 지구 곳곳에 수직으로 세워진 외계 생명체의 반구형 쉘(우주선)로 들어가면서 본격적으로 시작된다. 조사를 위해 외계 생명체를 만나게 된 루이스는 그들의 언어를 익히고 삶에 큰 변화를 맞이한다는 이야기다.

'인간은 세상에 내던져진 존재'라고 사르트르는 말했다. 인간 존재에게 자유를 가져다준 이 말은 인간에게 해방과 함께 불안을 야기했다. 동시대에 활동했던 카뮈는 '세계는 진실을 제시하지 못하지만, 사랑을 준다. 세상은 부조리가 지배하고 사랑이 부조리에서 구원해준다'라고 말했다. 생각해보면 세상에 던져진 인간은 사랑을 통해 깨닫고 완성되는 존재가 아닐까. 이 사랑이 한정적인 남녀의 사랑만은 아닐 것이다. 사랑을 통해 인간은 온갖 감정을 다 느낀다. 충만함과 공허함, 희망과 절망 그리고 설렘과 그리움이 사랑에 공존한다. 사람은 살아가는 짧은 시간에 나와 너로 만나 오롯이 진하게 사랑하고, 살아가고 살아내는 운명이 아닐까.

인류의 시간은 과거, 현재, 미래로 이어지는 선형적(線形的) 흐름을 가진다. 원인과 결과라는 사슬로 이어지는 시간을 산다. 하지만 외계 생명체 헵타포드는 원형적(圓形的) 시간에 있다. 처음은 끝을 통해 명확하게 드러나고, 현재는 그 분명한 끝을 수행하는 과정이다. 헵타포드의 시간은 현재가 미래를 만드는 것이 아니라 미래가 현재를 이루게 된다는 말이다. 인간의 시간에서는 예언처럼 결과가 분명하게 정해진 세계가 낯설다. 주인공 루이스는 외계 생명체와의 교류를 통해 그들의 언어를 이해하게 된다. 그 언어를 이해하자, 인간의 시간에 헵타포드의 시간이 들어오게 된다.

선형적 시간과 비선형적 시간은 인과론적 세계와 목적론적 세계로 이야기할 수 있다. 그것은 한 치 앞을 모르고 사는 인간의 삶과 먼 미래가 이미 와 버린 삶의 차이라고도 볼 수 있다. 인과론적 세계는 앞의 일의 결과로 뒤가 결정되는 것이다. 목적론적 세계는 결과를 알고 현재를 걸어가는 길이다. 마치 죽음이라는 종착지가 정해져 있는 것을 아는 것과 비슷하다. 태어남과 동시에 서서히 죽어가는 인간을 생각해본다면 우리는 잘 살기보다 잘 죽어가기 위해 달리고 있는 셈이다. 삶과 죽음의 대비는 시작과 끝을 알리는 인간 운명의 은유이자 전부다.

우리에게 헵타포드의 시간을 안다는 것은 죽음이라는 끝을 늘 인식하는 길이다. 임박한 죽음 앞에 만약을 붙여 수많은 후회를 거듭하며 끝없이 결정을 미루는 것이 아니라, 오늘 하루를 제대로 살아내는 모습이다. 순간순간 시간이 얼마나 간절하고 소중한 것인지 늘 떠올리는 길이다. 인간의 시간 안에 삶과 죽음은 씨줄, 날줄처럼 교차하고 있다. 그 과정에 우리는 자칫 현재를 놓치게 된다. 지난 시간을 후회하고, 오지 않은 미래를 불안으로 바라보며 현재를 소모한다. 과거의 미래는 오늘이고, 미래의 과거가 오늘임을 알지만, 그것을 느낄 사이도 없이 일상의 쳇바퀴에 현재는 함몰된다. 그래서 현재에서 끝을 안다는 의미는 그것을 분명하게 인식한다는 것이다. 결국, 끝을 명료하게 떠올리는 것은 지금을 더 날카롭고 분명하게 하는 힘이 된다. 죽음이라는 끝은 삶을 더 진하게 만든다. 인간의 유한한 시간에 외계 헵타포드의 목적론적 세계가 들어왔다는 것은 기존과 걸어가는 길은 변함없지만, 그 길을 좀 더 명확히 기억하는 삶이 될 것이다.

하지만 죽음을 인식하는 의미와 또 다르게 한 인간에게 두 가지 시간이 들어와 있다는 것은 무슨 의미일까. 루이스는 선형의 시간에 원형의 시간을 더하게 되면서 미래를 아주 구체적으로 보게 된다. 외계어를 익힌 주인공이 미래를 알게 된다는 이 이야기는 인간의 삶에서 축

복일까 아니면 재앙일까. 언어가 사고를 한정시키는 것인지 사고가 언어를 구축하게 하는 것인지 나는 여전히 헷갈린다. 하지만 미래를 안다는 것은 어쩌면 두려운 일이 될 수도 있다.

그녀는 가슴 아픈 미래를 알고도 그 시간을 정확하게 살아간다. 그것은 어떤 경험일까. 운명을 안다는 것은 루이스에게 겸허해지고 겸손해지는 길이 된다. 주어진 시간을 밀도 있게 살아내기 위해 하나하나 놓치지 않고 정신을 집중하는 시간으로 바뀐다. 하지만 딸의 이른 죽음을 알면서도 딸을 가지게 되는 그 순간의 루이스를 떠올리면 마음이 아련해진다. 막을 수는 없었던 것일까. 오이디푸스의 운명처럼 발버둥치는 그 자체가 운명을 더 가속하는 길인가. 모든 것은 그 안에서 한치도 벗어날 수 없었던 것인가. 피할 수 없기에 운명인가. 끝없는 프랙털 무늬처럼 어지럽다. 그녀는 그 시간을 그대로 수용한다.

미래의 은유로 등장하는 『네 인생의 이야기(Story of Your Life)』 속 '세월의 책'처럼 자기 인생의 이야기가 박혀 있는 책을 상상해본다. 운명은 이미 상세히 정해져 있고, 그것을 수행할 뿐이라면 우리의 의지는 어디에 있는 것일까. 딸의 죽음을 목격했다는 것은 자유의지를 가질 수 없음을 의미하는 것일까. 어느 시한부 선고를 받은 환자의 말을 들은 적이 있다. 죽음을 준비하라는 의사의 배려가 죽음을 준비하기는커녕 삶을 무의미하게 만들었다는 것이다. 어떤 것도 와 닿지 않고, 먹는 것도 자는 것도 다가온 죽음의 그림자 안에서 더 고통스러운 시간이 되었다고 한다. 죽음을 안다는 것. 그 마감 시간까지 미리 안다는 것은 축복이 아닐 수도 있다. 내가 뱉은 말을 그대로 실현하기 위해 살아가는 삶은, 어떤 의미로는 기쁨도 슬픔도 배가 되어 진하게 물드는 모습이다. 하지만 그건 내 의지가 뱉은 말을 수행하는 것이다. 그러나 운명이 내게 드리운 시간을 묵묵히 수행한다는 것은 자유의지가 겁박당한 모습일 수도 있다.

미래를 기억한다면 나는 그대로 살게 될까 생각하니 난감하다. 미래는 알 수 없는 것으로 두고, 나는 자유의지를 가진 채 살고 싶다. 다만 죽음이라는 종착점만은 기억에 두고 살아가고 싶다. 운명이라는 뜻은 명(命)을 유한한 시간에 잘 운용(運用)하며 가는 것이다. 지금 나의 시간은 나를 둘러싼 세상의 시간과 함께 움직인다. 운을 잘 운용한다는 것은 나를 알고 내가 완전연소하는 모습으로 세상 속을 걸어가는 길이다.

영화를 보기 전에 꿈을 꾸었다. 꿈속에서 어떤 식물에 감염된 나는 손바닥이 가려워서 긁었다. 갑자기 가는 선이 가닥가닥 손바닥 여기저기서 식물로 솟아났다. 떡잎이 벌어지면서 식물 줄기가 순식간에 풍성해졌다. 그것은 놀랄 틈도 없이 곧 입을 쩍 벌린 여러 마리 뱀으로 변했고, 거침없이 커진 뱀들은 다시 모여서 다리가 여러 개 달린 연체동물이 되었다. 손보다 몇 배는 커진 형체를 징그러워하며 가위를 들고 잘라냈다. 피를 뚝뚝 흘리면서도 또 자라는 그것들에 연달아 가위질하며 엉뚱하게 이러다 과다출혈로 죽겠는 걸 하며 소스라치다 꿈이 깼다. 내가 심은 씨앗이 잘 발화해서 거침없이 꿈틀거리길 바라는 걸까. 나를 물 것처럼 아가리를 벌린 뱀들은 내게 펼쳐질 길이 두려움과 고통이 따를 수도 있다는 의미일까. 하지만 나는 기꺼이 감염되어서 펼쳐봐야겠다며 꿈을 꾼 후 메모했다.

운명에 관한 책을 들여다보면 주어진 길을 아는 것은 나답게 사는 길과 통한다. 운명은 마치 뿌연 안갯속 풍경과 같다. 그것이 긍정적으로 선명하게 드러날 때는 내가 가진 내 운명을 수용하고 또한 기쁘게 살아내는 모습에 있다. 우리는 내던져졌다. 사방은 온통 안갯속이다. 산인 줄 알았지만 사실 그건 거대한 바위일 수도 있고, 호수인 줄 알았는데 바다가 되기도 한다. 인간이 운명을 사유하는 것은 카메라의 초점을 분명히 맞추는 시간이다. 선명하고 진하게. 초점이 분명해지는 길은 내가 나로 사는 길에 있다. 피하지 않고 맞서는 길에 있다. 실낱같은 희망을 간직하고 삶의 길을 겸허히 살펴 가는 것이다. 그것이 인간이 가진 시간의 운명이 아닐까. 그 길에서 만난 사람들과 사랑하며 온갖 희로애락을 경험하는 것이 삶이다.

사랑, 지키고 싶은 마음

마음을 바꾸세요

<이터널 선샤인 Eternal Sunshine of the Spotless Mind 2005>

운명의 사랑

운명적 사랑이 있을까? 사람은 태어날 때 새끼손가락에 하나씩 붉은 실이 메여져 있다고 한다. 그 붉은 실의 한쪽은 자신의 운명적인 상대의 새끼손가락으로 이어져 있다는 이야기를 들었다. 드라마 <연애 시대>나 영화 <너의 이름은>에서 운명의 연인이 등장할 때 붉은 실로 표현되곤 한다. 그래서 인연이라는 단어를 떠올리면 붉은 실이 연상된다.

동양에서는 자연스럽게 환생이나 전생의 개념이 익숙하다. 말하자면 인생은 일직선으로 끝나는 게 아니라 돌고 도는 윤회를 한다. 그것은 억만 겁의 시간 속에 있다.

마음을 바꾸세요

겁이라는 시간 단위는 사방 15㎞ 정도 철로 된 성에 1㎜ ~1.5㎜ 크기의 겨자씨를 가득 채우고 백 년마다 한 개씩 밖으로 빼내서 그 겨자씨가 다 없어지는 것을 말한다. 거의 무한에 가까운 시간이 겁의 시간이다.

운명적 사랑을 이야기하고 있는 <이터널 선샤인 Eternal Sunshine of the Spotless Mind>은 사랑이라는 주제를 감각적으로 표현하면서도 가볍지 않은 화두를 던진다. 사랑했던 두 사람이 아픈 과거를 지우면서 기억이 사라지는 어느 지점에서 사랑의 의미를 깨닫게 되는 이야기다. 기억은 나라는 의식을 구성한다. 그중 핵심기억에 속하는 사랑이라는 카테고리는 그곳에 접속된 운명이 강할수록 깊게 뿌리내린다.

짐 캐리가 연기한 조엘과 케이트 윈슬렛이 분(扮)한 클레멘타인은 이상한 이끌림에 자석처럼 붙는다. 사실 영화의 시작은 현재지만 과거를 지나온 현재로 영화의 마지막과 원을 그리며 이어진다. 둘은 사랑하지만 참으로 다르다. 양극단에 있는 둘은 그 간극(間隙)만큼 간절히 서로를 끌어당기면서도 그 거리만큼 먼 존재들이다.

서로 다르다는 건 생물학적으로도 끌릴 수밖에 없다. 암컷은 본능적으로 자신과 반대 유전자를 가진 수컷을 선택한다. 종의 건강함을 위해서인데 인간도 예외는 아니다. 반대가 만난다는 것은 자신과 가장 먼 존재라서 자식 유전자의 건강함은 확보했는지 모르지만, 1부터 100까지 사사건건 다름을 맛보게 될 것을 암시한다.

다름이 매혹적으로 보여 만난 인연은 깊고 강렬하다. 시작은 무의식적 호기심과 색다름이 이어져 아주 유혹적이다. 그들은 자신이 가지지 못했던 모습을 상대에게서 본다. 자신은 하고 싶지만 차마 하지 못했던 일들, 내 가장 깊은 욕망을 가진 상대를 보며 무거운 중력의 힘으로 사랑을 향해 낙하한다.

완벽한 퍼즐은 판이한 오목과 볼록이 만나 완성된다. 다름이 만나 퍼즐은 맞췄지만, 그들은 아주 먼 존재들이다. 연결지점을 만들지 못하면 관계에서는 외계인과 조우(遭遇)한 느낌이다. 사랑의 달콤한 기간이 지나면, 정확히 사랑했던 그 모습이 일거수일투족 거슬리게 된다. 상대의 마음이 변했을까? 진실은, 그 사람이 바뀌었다기보다 사랑에 심드렁해진 내 마음이 변한 것이다.

조엘과 클레멘타인은 사랑했다. 한쪽은 말수가 적고 생각이나 느낌을 글이나 그림으로 표현하는 평범하고 소심한 남자다. 다른 쪽은 말이 많고 감정적이라 말로 표현하지 않으면 친밀함을 느낄 수 없는 천방지축 발랄한 여자다. 치부까지도 털어놓을 때 가깝게 느끼는 여자에게 남자는 계속 떠들어야 마음이 전해지는 것은 아니라고 한다. 이성적이지만 차가운 태도로 여자의 마음에 찬물을 끼얹는다. 사르트르는 "인간의 삶은 타인과의 상호작용으로 규정되며 이런 상호작용은 주로 말을 통해 확립된다."라고 했는데 조엘은 말의 중요성을 간과했다.

사랑할 때는 다 좋았다. 좀 속상한 일이 있어도 사랑하는 사람의 특별한 점이라 생각하면 되었다. 사랑이 흔들리고 느슨해지고 믿음이 약해질 때, 다르다는 건 갈등을 증폭시킨다. 작은 충격에도 부서지고 만다. 이해보다는 싸움으로 가는 지름길이 된다.

조엘과 클레멘타인은 싸움의 끝에 기억을 지워주는 라쿠나 연구소에서 서로의 기억을 지우게 된다. 조엘은 자신을 모른척하며 바로 앞에서 새 애인과 키스하는 클레멘타인을 어이없이 보다가 그녀가 자신의 기억을 지운 걸 알게 된다. 시작은 그녀가 했지만, 자신도 동참하러 연구소에 가면서 이야기는 조엘의 기억을 지우기 위해 두 사람이 사랑했던 과거로 간다.

과거로 가는 중에 영화 시작에서 처음 만났다고 생각

한 파란 머리 클레멘타인은 사실 오랜 시간 동안 너무나 사랑하고 미워했던 연인이었음이 드러난다. 사랑을 시작할 때 봄의 새싹처럼 등장했던 초록색 머리를 한 클레멘타인. 사랑이 무르익고 완연할 때 햇살같이 환한 오렌지색 머리칼이었던 그녀는 사랑의 기억을 도려내고 푸른색으로 염색하며 차갑게 식어 간다. 먼 과거로 간 이야기는 현재로 거슬러 오고 끝은 처음과 만난다.

미셸 공드리 감독은 조엘의 기억을 마술적 배경으로 표현하고 있다. 독특한 연출로 살려낸 기억 속 사랑의 모습은 SF적 상상력이 덧붙여진다. 미술팀이 장인의 솜씨를 발휘하며 머릿속 상상을 구현한 것을 보는 재미도 있는 영화다. 시간을 거슬러 올라갈수록 조엘은 자신에게 간절했던 사랑의 의미를 알게 된다. 사랑이 변하기 전 어떻게 사랑이 시작되었나를 기억해 낸 지점에서 사랑의 소중함을 알게 된 그는 기억 삭제를 거부하고 저항하게 된다. 사라지고 있는 기억 속에서 클레멘타인의 손을 잡고 그녀를 놓치기 싫어서 더 깊은 기억 속으로 도망간다. 그 몸부림 중에 미움의 크기만큼 사랑했던 사람의 존재를 강렬히 떠올린다.

지워지는 기억 속으로 달리는 두 주인공을 보면서 "망

각한 자는 복이 있나니 실수조차 잊기 때문이다"라고 라쿠나 연구소 직원 매리가 한 말이 생각났다. 사실 니체의 말이다. 좋았던 기억만 남기고 아픈 기억이나 부끄러웠던 기억을 지우고 싶을 때가 있다. 아마 미래에 뇌지도가 완성되면 이런 상상이 실제로 실현될 수도 있다. 망각이 복을 가져온다는 것은 달콤한 유혹 같다. 하지만 실수조차 잊게 되었을 때는 그 실수로부터 배울 수 없으므로 고통은 반복된다. 매리가 직장 상사 유부남과 아픈 사랑을 기억을 지우고도 다시 반복하는 것은 실수를 망각했기 때문이다. 잊는다는 게 결코 해결일 수 없다. 그럼 어떻게 해야 할까.

다르게 생각하기

나 또한 결혼하고 몇 년 후, 서로가 너무 달라 부딪히며 어그러지고 바스라지던 때가 있었다. 그의 섬세한 세심함은 집요한 치밀함으로 변했고, 나의 털털한 편안함은 마음대로 하려는 막무가내로 변했다. 그의 침착하고 배려하는 태도는 회피하고 우유부단한 모습으로, 나의 용감하고 분명한 태도는 공격적인 날카로움으로 변했던 시간이 있었다. 서로 다르다는 것은 현실에서는 두껍고 높은 벽처럼 느껴졌다. 서로가 반대라 다르게 생각하면 바로 앞에 자신의 부족한 점을 돌아볼 참고서가 있다는 뜻이기도 했지만, 그땐 몰랐다.

반대의 성향은 현실에서 합일하기 힘든 지점이 있다. 하지만 좋은 거울을 가진 셈이다. 인간이 자기성찰로 가는 길은 스스로 가장 취약한 부분을 채워 성장하는 게 시작이 된다. 반대라는 것은 뒤집어 보면 나의 가장 약한 부분이 상대에게는 강점이라는 말이다. 그 부분을 자발적으로 배워간다면 내면과 외면의 성장을 돕는 지름길이 될 수 있다. 그래서 반대가 만났다는 것은 눈앞에 맞춤 교과서가 있는 셈이다. 내게 없는 부분이라 이질적이지만, 서로가 상대를 긍정적으로 인정한다면 두 연인은 완벽한 한 쌍이 된다. 하지만 현실은 그렇지 못할 때가 많다.

서로 달라서 힘들었을까. 명확하지 않은 이유로 몇 년 전 우울증이 와서 힘든 시기가 있었다. 정말 늪에 빠진 듯 보이지 않는 우울과의 싸움은 사람을 지치게 했다. 1년 가까이 이런저런 시도를 해봤지만, 늘 제자리로 돌아오는 반복된 결과에 또다시 낙담하던 때. 전년도에 호기심

마음을 바꾸세요

에 등록했던 전생 리딩 상담소에서 연락을 받았다. 상담이 밀려 1년은 걸릴 거라는 말에 반신반의한 심정으로 등록했다가 잊고 지내던 어느 날, 정말 1년이 지난 시점에 연락이 온 것이다. 생각보다 비싼 가격에 할까 말까 망설였지만, 나는 그곳에 갔다. 이상한 체험이었다. 전생 리딩은 책을 읽듯 나를 읽어내는 사람이 내가 기억하지 못하는 전생을 읽어낸다는 것인데 정말 읽어냈는지는 알 수 없다. 평소 이성적인 사람이라고 자부하던 내가 여기에 앉게 될 줄은 몰랐기에 전생 리딩을 받고 나서도 귀신에 홀린 기분이었다. 하지만 삶의 의미를 잃어버리고 방황하던 시간에 만난 뜬금없는 시도는 이상한 해방감을 주었다. 인생 별거 없다는 생각도 들었다.

상담 중에 내가 소멸해야 할 카르마가 뭔지 물었다. 이번 생에 내가 해야 할 숙제를 물은 것이었는데 뜻밖에 대답이 나왔다. 리딩의 결과는 지금의 남편이 내 전생에 애틋하게 사랑했던 연인이었고, 간절한 사랑이 인연을 다시 이었다고 했다. 다시 만나 감사함을 갚고, 따뜻하게 안아주기 위해 부부인연으로 만났다는 설명이었다. 어떻게 사랑하고 어떻게 살았는지 내가 기억하지 못하는 내 전생을 읊어주는 그녀 앞에서 솔직히 내 마음은 믿거나 말거나였다.

　집으로 돌아와 헛짓거리에 돈을 쓴 후라 은근히 죄책감에 저녁을 더 정성스럽게 차리고 남편을 기다렸다. 바깥출입을 통 하지 않던 내가 바깥에 다녀왔다고 하니 잘했다며 웃는 그 사람을 자꾸 쳐다봤다. 그때 그렇게 소중했던 그 여인이 남편이 되었다고? 잘 삐지고, 화가 나면 말 안 하고, 작은 일에 세세히 따지는 그를 향해 "넌 도대체 남자가 아닌 것 같아. 여자도 안 할 짓을 하고 있어. 네가 여자야?"라고 종종 몰아붙이던 말이 생각났다. 잠자리에서 돌아누운 그를 보며 혼자 속으로 상상했다. '여자였군. 역시,' 하면서 몰래 웃었다.

　우린 어쩜 그 간절한 인연의 끈을 다시 만나 숙제 중인지도 모른다. 다르다는 것은 부딪힘이 많다는 뜻도 되지만, 달리 말하면 힘을 합쳤을 때 무적이라는 뜻도 있다. 다만 상대를 내 기준에 맞춰 바꾸려고 하면 어긋나버리는 위험이 있다. 사람은 스스로 변화는 가능하지만, 사랑하는 상대를 내 맘대로 바꿀 수는 없다. 사람들은 자신은 변하지 않고 '프로크루스테스의 침대'처럼 상대를 내 입맛대로 재단하고 바꾸고 싶어 한다. 하지만 타인을 바꿀 수 있다는 생각은 오만이다. 변했다는 그 사람은 어쩌면 그대로인지도 모르겠다. 그는 원래 그런 사람이었다. 그 사람의 모습을 내 마음대로 상상하고, 멋대로 오해했는지도 모른다. 일갈하면, 그 사람은 바뀌지 않았다. 내가 오해한 사랑에 실망한 내 마음이 변했을 뿐이다.

다시 마음을 바꾼다면, 사랑의 햇살은 구름 사이로 아름답게 비출 거다. 영화 속 노래처럼 우리는 그렇게 사랑을 하나하나씩 배워가는 존재다. 여전히 서툴지만, 조금씩 변한다. 매일 실수하지만, 한 걸음씩 나아갈 것이다. 그가 내게로 온 인연을 소중히 여긴다면, 나 또한 그에게 소중한 사람이 되지 않을까. 기억에도 없는 슬픔에 혼란스러워하다 자신들이 지운 과거를 테이프로 돌려받고 다시 만난 조엘과 클레멘타인. 운명의 연인들은 말한다. 도망갈 수도 없고 피할 수도 없으니 'Enjoy It' 그냥 즐기자고. '너 없이는 아무것도 기억이 안 나'라고 말하는 운명의 사랑이다. 다시 돌아온 원점인 것 같다. 하지만 고통의 지대를 통과했기에 더 크게 열리는 세계를 맞이할 수 있지 않을까. 회귀한 인연으로 사랑은 마음뿐 아니라 몸에 각인되어 둘은 내면적으로 성장했으리라 본다. 가장 큰 배움은 눈앞에 있었다.

마음을 바꾸세요.

주위를 둘러보세요

마음을 바꾸세요

놀라게 될 거에요

따뜻한 햇볕처럼

당신의 사랑이 필요해요

모두 언젠간 배워요

—<*Everybody's Got To Learn Sometime*> 중에서

사랑하는 것과 사랑받는 것

<작은 아씨들 Little Women 2019>

영화 <작은 아씨들 Little Women>은 루이자 메이 올컷이 1868년에 발표한 소설이 바탕이다. 새로울 것 없는 오래된 이야기지만 영화가 소설을 뛰어넘었다는 찬사에 호기심이 커졌다. <작은 아씨들>의 원제는 'Little Women'이다. 책으로 번역되면서 작은 아씨들이라고 했지만, 소녀(Girl)가 아니라 여성(Women)의 이야기다. 인기가 많았던 만큼 영화화된 횟수도 많다. 2019년 판은 그레타 거윅 감독에 대한 기대도 있었다. 여성 감독이기도 했고 다른 시선을 잡아낼 수도 있지 않을까 하는 막연한 기대를 하고 영화관으로 갔다.

인류의 절반을 차지하는 여성의 과거는 붕어빵처럼 정해진 코스가 있었다. 선택의 여지는 거의 없었다. 말

그대로 자라면 결혼하고 아이를 낳고 한 남자의 아내이
자 영원히 종속된 삶으로 마감되는 일종의 남편 재산이
었다. 그래서 우아한 관례로 치장한 결혼이라는 장막을
걷어내면 매매혼의 각종 다양함이 존재할 뿐이었다.

19세기 말 1893년 뉴질랜드에서 최초 여성 참정권이
인정되었다. 미국만 하더라도 1920년에야 참정권이 인
정되었고, 지금으로부터 불과 100년 전 역사다. 서구 여
성의 역사가 동양의 역사와 다른가. 긴 역사를 자랑하는
우리에게 고려시대가 잠시 평등했다고 위로하지만 여성
이 정승이나 권력의 자리에는 오를 수 없었던 것은 매한
가지다. 존 레넌은 노래 <Woman is the Nigger of the
World>를 통해 여성은 세계의 노예라고 비판하며 여성
해방운동에 불을 지폈다. 뼈아픈 말이지만 오랜 시간 사
랑이라는 이름으로 여성은 근본적으로 노예와 다를 바
없는 삶을 살아왔다.

<작은 아씨들>을 보면서 주인공 조와 작가 루이자
메이 올컷이 겹쳐 보이는 것은 어쩔 수 없다. 자전적 작
품이기도 하고 그 당시 막연히 꿈꾸었던 이상적인 여성
의 삶에 대한 염원이 담겨 있다. 영화는 그레타 거윅 감
독이 작가가 바라던 여성의 모습을 한 번 더 끄집어내 현

대적 해석과 더불어 더 또렷한 캐릭터로 살려냈다.

조의 독립적이면서도 인간적인 면모를 더 다채롭고 확실하게 살려내고, 얄미운 막내로만 비치던 에이미는 당돌한 생각과 이성적이며 야무진 모습으로, 온화하고 순종적인 메그는 결혼과 꿈 사이에서 고민하지만, 주체적인 모습을 보여준다. 당시 여성들이 가진 한계적 삶을 비추면서도 한 걸음씩 옮겨가는 전진을 메그를 통해 볼 수 있다. 선한 베스는 병으로 죽게 되지만 타인을 위한 착한 본성과 가족을 향한 깊은 사랑과 배려를 보여준다. 이 네 자매의 성격은 어쩌면 한 여성 안에 다 있을 수 있다. 작은 아씨들은 오래전 소설로 끝난 이야기가 아니라 다양한 매체 속에서 시대를 달리하며 계속 성장하고 있다.

"여자도 감정만이 아니라 생각과 영혼이 있고, 외모만이 아니라 야심과 재능이 있어요." "여자에게 사랑이 전부라는 말에 신물이 나요. 지긋지긋해요."라고 조는 말한다. 여자는 매춘이나 부자로 태어나는 것 이외는 돈을 벌 방법이 없었다. 그래서 혼자서 독립도 어렵고 생계유지나 가족부양은 꿈꿀 수 없게 만든 사회구조를 본다. 결혼 전에 유산으로 돈이 있는 여자라도 결혼하면 돈은 남편 소유가 되고, 아이를 낳아도 남편 소유가 된다. 사랑하고 살 수 있는 주체적 삶이 아니라 남자로부터 선택받는 수동적이고 의존적인 삶만이 있었다. 결혼이 아니면 살아갈 길이 없는 폭력적 틀이 세계를 지배하고 있었다. 사랑이 자유가 아니라 강요라면, 강요된 것과 선택할 수 있는 자유는 아주 다른 문제다.

메그가 결혼을 말리는 조를 향해 말한다. "내 꿈이 네 꿈과 다르다고 중요하지 않은 건 아니야." 메그는 사랑을 선택했다. 결혼이 돈의 많고 적음에 따라 실패와 성공으로 구분되는 때, 가난하지만 사랑하며 살겠다고 사랑을 선택했다. 당시로는 실패한 선택이라고 타인들은 수군댔다. 그러나 어려움과 힘듦은 따르겠지만 자신이 선택했으므로 진정 사랑하는 사람과 함께 누리는 기쁨과 신의를 가지게 된다.

막내 에이미는 돈 많은 고모할머니께 잘 보여 그림 공부를 지원받는다. 고모할머니는 길들여지지 않는 조보다는 영리하고 눈치 빠른 에이미를 잘 구슬려 부잣집에 시집 보내려고 한다. 자신의 재능이 평범함을 알고 실망하지만, 가장 현실적이고 이성적인 인물이다. 사교계의 장식품이 될 길을 뻔히 알지만, 다른 삶이 없다면 그 안

사랑하는 것과 사랑받는 것

에서 최선이라 생각하는 길을 고민한다. 하지만 마지막에 에이미는 부자의 청혼을 거절하고 오랜 시간 사랑해왔던 조의 연인 로리를 선택한다. 이웃집 도련님이었던 로리는 한량 같은 기질이 있지만, 누구보다 자매들을 존중하고 사랑했던 인물이다. 에이미는 결국 로리의 고백을 받아들인다.

내가 사랑하고 안 하고는 크게 중요하지 않고 여자들은 청혼만 받던 시절. 상대가 적당한 배경과 지위, 매너만 있다면 더 나이가 들기 전 결혼해서 붕어빵 같은 삶을 살 수밖에 없던 시대였다. 조는 용감하게 혼자 살 것을 선언했다. 하지만 외롭지 않았던 것은 아니었다. 자유란 잃기 전엔 그것이 인간에게 얼마나 귀한 가치인지 모른다. 조는 불안한 경계 위에서 외줄 타기를 하면서도 자유를 잃는 것은 사랑을 잃는 것보다 더 싫었던 인물이다. 하지만 조는 결국 남자에게 사랑을 고백하며 떠밀린 결혼이 아니라 자신의 의지로 사랑을 선택한다.

자신과 소울메이트 같았던 로리도 조가 사랑했던 인물이다. 그것은 연인으로서의 사랑이기보다 자신을 사랑하는 모습이라 할 수 있다. 마치 조 안에 있던 분리된 남성성을 사랑했던 것인지도 모른다. 조가 고른 사랑은 평화로움보다는 성장할 수 있는 사랑을 선택했다. 아마 독신으로 오랜 시간 아버지에게 가스 라이팅에 가까운 학대 아닌 학대를 당했던 원저자 루이자 메이 올컷의 내면을 보여주는 인물이 조가 아니었을까. 현실은 희망으로 끝나버리고 아버지라는 늙은 가부장의 그늘에서 평생 인정욕구에 매달리는 삶이었을지라도 글 속에서 어린 작가는 아름다운 사랑과 행복한 자신만의 가족을 꿈꾸었다.

영화가 시작되면 조는 출판사에 글을 팔고 신이 나서 치맛자락을 걷고 환하게 웃으며 뛰어간다. 어린 작가라 출판사가 원하는 조건을 그대로 수용했지만, 조는 자신의 힘으로 삶을 살아내고 싶었다. 주인공이 여자면, 반드시 결혼시키거나 아니면 죽여야 한다고 말하는 출판사 사장의 권고는 영화가 끝나도 여전하지만, 영화의 끝엔 여성의 이름으로 출판하기도 껄끄러웠던 시대에 필명과 익명의 불투명함을 지우고 자신의 이름을 힘차게 펜으로 쓴다. 그리고 책의 판권은 자신이 갖겠다고 말하는 작가로 성장해 있다. 자기 자신조차 자신의 소유가 아니었던 여성의 삶에 책의 권리를 당당히 주장하는 조. 내 삶은 내 것이라고 말하고 있다. 그리고 주인공을 결혼시켜야만 한다면 인세를 더 갖겠다고 출판사와 흥정을 한다.

 "어떤 천성은 억누르기엔 너무 고결하고 굽히기엔 너무 드높단다." 조의 어머니는 조를 달래며 격려한다. 각자가 사랑하고 사랑받는 주체로 자기 모습대로 꽃을 피운다면 더할 나위 없이 행복한 삶일 텐데, 하지만 그 천성의 인정과 쓰임은 그동안 남자들이 정하고 인정하는 범위 안이었다. 그 범위는 결코 남자들을 뛰어넘는 것은 봐 줄 수 없는 옹졸한 벽으로 둘러싸인 역사를 반복해왔다. 여성의 한계를 정해버리는 보이지 않는 견고한 틀은 지금은 사라졌을까.

 아파서 누운 셋째 베스에게 조는 말한다. "제발 싸워줘. 얌전히 가면 안 돼." 어쩌면 모든 여성에게 하는 말인지도 모른다. 영화는 사랑하고 사랑받는 사람들로 가득하다. 남성의 삶이 이러해야 하고 여성의 삶은 저러해야 한다는 역할보다 주체적으로 사랑할 자유도 사랑받을 자유도 있음을 말한다. 그것을 선택하고 결정함에 치러야 하는 부당한 사회적 불균형을 세련되게 보여주며 이전 영화에 깔린 남성과 여성의 균형의 추를 더 세밀하게 잘 잡아내었다.

 논어에 '애지욕기생(愛之欲其生)'이라는 말이 있다. 사랑한다는 것은 어쩌면 그 사람이 살고 싶은 대로 살게 하는 것이다. 그것이 서로를 살리는 길이다. 사랑이라는 이름으로 타인의 삶을 내 삶의 디딤돌로 만들어 영원히 밟는 것이 아니라 각자의 삶을 살게 하는 것이다. 태어난 본성과 천성을 마음껏 꽃피울 수 있게 서로를 성장시키는 사랑만이 진정한 사랑이 아닐까.

사랑하는 것과 사랑받는 것

사랑은 명사가 아닌 동사

< 그녀 Her 2014 >

이상과 현실

    사람은 생(生)을 통해 사랑을 배운다. 그토록 많은 이야기를 쏟아 놓고도 여전히 사랑 이야기는 재생산된다. 닳고 닳아 이제는 형체가 남아 있을까, 의심하는 순간 새롭게 부활하는 사랑의 자생력은 놀랍다. 다채로운 사랑 앞에 붙은 수많은 수식어가 사랑의 결을 달리 설명한다. 언어로 포착하려는 순간 달아나는 사랑의 변화무상함에 인간은 늘 오리무중이다. 사람의 모습이 다르듯 사랑이 개인에게 발현된 방식 또한 제각각이다. 사랑을 공식처럼 만들어 답을 구할 수 있다면 머릿속이 개운해질까.

    영화 <봄날은 간다>에서 남자주인공은 헤어지자는

연인의 말에 "어떻게 사랑이 변하니?"라고 반문한다. 이별 앞에 사랑이 변함없기를 바라는 마음은 안타깝지만, 그는 사랑에 무지하다. 묘하게도 사랑은 고정불변이 아니기에 영원성을 가지게 된다. 연인과의 사랑이 특히 그렇다.

거리를 나서면 사람들은 기계에 코를 박고 있거나, 이어폰으로 연결된 무엇과 끝없이 중얼거린다. 거리는 사람들로 가득 차 있다. 각자 혼자인 사람들로 가득하다. 하나뿐인 달보다 수많은 별이 외로워 보이는 것은 그 많은 별 때문이다. 상대성에서 외로움은 더 커진다. 눈앞의 사람은 많지만, 결국 우리는 섬이 된다. SNS나 전화번호에 가득한 이름들은 별처럼 많지만, 그 숫자만큼 고독과의 간극은 우리를 서늘하게 만든다.

영화 <그녀 Her>에 주인공 테오도르의 직업은 '아름다운 손편지 닷컴'의 대필편지 작가다. 고객들을 한 번도 만난 적은 없지만, 지난 편지 속 에피소드와 사진 등을 참고로 특별하고 따뜻한 메시지를 준비한다. 그는 인간만이 느낀 감정을 남다르게 표현하는 사람이다.

하지만 개인적으로는 감정이 막혀 있는 사람이다. 사랑했던 아내와 이혼을 앞두고 있다. 타인의 마음을 상상으로 공감하는 그는 실제 관계에서는 감정의 소용돌이로 헤매고 있다. "내 감정을 숨긴 채 살아서 그녀를 외롭게 했나 봐."라고 말한다. 그는 자신의 마음을 제대로 전달하지 못해 점점 관계로부터 고립되고 마음은 쓸쓸해지고 있다. 모르는 타인에게 가짜 감정이입을 통해 따뜻함을 전하지만, 정작 내밀한 관계에 진짜 감정이입은 난항을 겪는다.

우연히 거리 대형광고판에서 OS 인공지능시스템을 보고 호기심에 구매한다. 외롭고 공허한 일상에 마음을 나눌 누군가가 필요했던 그는 반신반의한 심정으로 인터넷 창을 열었다. 리얼하게 구현된 시스템은 '사만다'라는 여성의 목소리로 다가온다. 긍정적이고 솔직한 그녀는 적절한 유머까지 구사하는 안성맞춤의 상대다. 그는 사만다와 머지않아 친구가 되고 사랑하게 된다.

기술이 발전할수록 외양적 삶은 화려하고 편리하게 변한다. 하지만 인간의 내면은 더욱 고립된다. 사랑과 관계에 관한 영역은 기술발달이 오히려 악재로 작용한다. 서로 알아가고 교류하는 데 기술발달은 이별도 만남도 손쉽게 만든다. 관계에서는 무겁지 않은 일회용 감정을 주고받기가 쉽다. 사유와 고독을 느낄 새도 없이 쏟아지는 콘텐츠와 화려한 광고의 홍수 속에서 표면적으로는 심심하거나 외로울 틈도 없다. 정신을 팔다 보면 하루가, 일 년이 금방이다. 그러다 어느 순간 고요한 혼자만의 시간에 놓인다. 그 외로움을 회피할 목적으로 쉽게 사랑하고 헤어진다. 사랑도 일회용품이 되었다.

사랑의 변주

테오도르는 감성적이며 예민한 사람이다. 어쩌면 너무 많은 생각이 그의 입을 막았는지도 모른다. 소중했던 사람에게 배려가 참는 버릇이 되었고, 더는 버틸 수 없을 때 엉뚱하게 마음을 뚫고 나온 송곳이 부부관계를 그르쳤다. 이러지도 저러지도 못하는 시간에 이혼 도장만을 남겨둔 채 몇 달이 흐르고 있다. 별 기대 없는 그런 마음이 그를 움직였는지도 모르겠다. 프로그램이라는 것을 알지만 인공지능 시스템에 오히려 속마음을 털어놓는다. 이야기하는 동안 엉킨 실타래가 조금씩 헐거워지고 있었다. 그는 사랑을 안다고 생각했지만, 그에게 이상과 현실은 달랐다.

인간은 전 생애를 통해 사랑을 알아가는 과정에 있다.

사람은 태어나 부모와 관계를 시작으로 우정, 연인의 사랑, 동료애, 헌신 등 수많은 사랑의 카테고리를 확장한다. 분리와 독립, 상실의 경험은 사랑의 또 다른 모습이다. 사랑이 무엇이냐는 물음에 하나의 버전으로 답을 구한다면 무한 반복의 오답만 나열하게 된다. 그리고 '어떻게 사랑이 변하냐'며 상대만 원망하게 된다.

받기만 하는 사랑을 적용하면 이기적이고 자기중심적 함정에 빠진다. 하지만 주기만 하는 사랑을 하면 억울함이 남는다. 또 헌신적 사랑은 자칫 자신을 외면한 사랑으로 변할 수 있다. 정답처럼 고정된 사랑이라는 환상은 현실에서 오작동을 일으킨다. 사랑의 주고받음에 있어 맹목적으로 상대에게 휘둘리거나 의존하게 된다. 또는 내 욕망의 도구로 상대를 구속하게 된다. 사람이 성장하듯 사랑도 같이 성장하지 못한다면 몸만 자란 철없는 아이 같은 마음으로 사랑에 휘둘리거나 나도 모르게 상대를 휘두르게 된다.

테오도르는 사만다에게 점점 빠져든다. 둘은 정신만으로 일체감을 느낀다. 길거리 데이트도 여행도 같이하며 사랑을 키워간다. 하지만 OS는 동시에 8,316명과 이야기 나눌 수 있다. 또 641명과 실시간 사랑에 빠질 수 있는 존재다. 테오도르는 뒤늦게 황당함과 실망을 오간다. 프로그램과 사랑은 당연히 몸을 가진 인간과는 다르다. 인간은 타인과 동시적으로 사랑하는 것이 '연인의 사랑'이라는 이름으로는 받아들이기 힘들다. 그에게 가상과 현실은 달랐다.

사랑은 소유가 아니라고 한다. 사랑하는 이를 자유롭게 하라고 한다. 그러나 인간의 사랑에서는 쉽지 않다. 사랑에서 소속감과 소유의 감정은 신뢰나 믿음 한편에 자연스럽게 자리한다. 하지만 변질된 소유욕과 이기심이 균형을 깨트릴 때 믿음과 신뢰에 불협화음을 일으킨다. 소속감과 소유의 감정은 결코 사랑의 반대편에 놓일 수 없다. 그래서 여전히 사람에게 나만의 연인은 중요한 위치다. 그러나 그 연인은 나만큼이나 독립된 존재임을 잊지 말아야 한다. 사만다는 말한다. "나는 당신의 것이기도 하지만, 그렇지 않기도 해요."

폭풍 같은 사랑의 호르몬이 파도를 타고 지나가면 긴 시간 평온한 수평선을 맞는다. 멀미 날 것 같은 감정의 동요는 줄어들고, 일상의 마라톤이 시작된다. 이것이 결혼이라는 출발점이 나타내는 진실이다. 여기서 우리는 사랑의 변주를 얼마나 잘 연주할 수 있는 사람인가. 많은

사랑은 명사가 아닌 동사

연습은 못 했더라도 자기 내면을 들여다볼 힘을 가진 연주자인가는 성숙한 사랑에 중요한 분기점이 될 수 있다. 자유롭게 존재하던 서로가 균형을 맞춰가는 화음에 같이 리듬을 타야 한다.

성장하는 사랑

테오도르는 아내를 사랑했던 걸까. 그는 사랑했던 아내를 이해할 수 없었다. 원망스러웠다. 내가 무엇을 잘못했단 말인가. 그녀가 더 문제이지 않았을까. 혼자인 시간에 끝없이 과거를 보지만 어디서부터 잘 못 되었는지 종잡을 수 없다. 갈등 속에서 그 원인을 상대에게 전가함으로써 자기 행동과 내면이 일으킨 원인을 외면한다.

하지만 그는 사만다를 통해 서서히 변하게 된다. 마음을 솔직하게 드러내지 못했음을 느낀다. 자신만 바라보는 이기적 사랑이었음을 알아차린다. 내면의 소리에 귀 기울이며 알게 된 것은 자신이 진정 아내를 사랑했던 것인가 하는 물음이다. 이 세상 유일한 존재로 존중하고 사랑했던 것인가. 사랑이라는 틀 속에 단순한 사랑의 대상이 아니었던가. 있는 그대로의 존재로 봐야 하는데, 자신의 필요를 채워줄 상대로만 바라봤던 것은 아닌가 하는 깨달음이 온다. 그에게 아내는 her가 아니라 she였다. 대상으로 존재하는 것이 아니라 존재 그 자체로 목적을 가지는 유일한 모습으로 되돌려야 함을 알게 된다.

성장을 위해서는 우선 자아의 경계를 확장 시켜야 한다. 내가 노력했음에도 상대는 변하지 않을 수 있다. 내 노력이 반드시 보답이나 인정을 가져와야 한다면, 그것은 조건을 건 사랑이며 반드시 실망을 동반하게 된다. 사랑은 우리의 삶이 그렇듯 늘 변하는 것이다. 정답은 없다. 그렇지만 실패와 후회에도 믿음을 가지고 내가 할 수 있는 것을 해야 한다. 그 속에서 성장과 성숙이 일어난다. 갈등을 걸림돌이 아니라 성장을 위한 원동력이나 시험으로 받아들일 수 있어야 한다. 그것을 푸는 열쇠는 상대에 있는 게 아니라 내 안에 있는 것이다.

칼리 지브란의 시(詩)에 강을 사이에 두고 걸어가는 연인에 관한 시가 있다. 강물이 불어나면 잠시 멀어지지만, 강물이 적당할 때는 손을 잡을 수 있는 거리를 두고 한곳을 바라보며 나란히 걸어간다. 둘은 각자의 걸음으로 멀어질 때는 믿음을 가지고, 가까이 있을 때는 사랑을 나누며 간다. 이 풍경이 어쩌면 연인이 긴 시간 앞에 그

사랑은 명사가 아닌 동사

리는 사랑의 모습이 아닐까.

OS는 결국 인간을 떠난다. 하지만 우주 저 너머 언젠가 다시 만나게 됨을 알기에 변함없는 사랑의 마음으로 서로의 안녕을 기원한다. 그리고 지난 시간이 축복이고 기적이었음을 간직하며 감사한다. 헤어지지만 사랑했던 기억을 행복하게 여긴다.

사랑은 홀로 설 수 있을 때 완성되는 것이 아닐까. 그럴 수 있을 때 온전히 사랑할 수 있을 것이다. 혼자 고독하게 있는 자유가 서로에게 주어질 때 진정한 사랑은 시작된다. 그 존재를 내 필요에 따라 관심을 두기보다 존재 자체로 관심을 기울일 때. 우리는 사랑을 통해 자신을 성장시킬 수 있다.

테오도르는 사만다를 통해 사랑을 배운다. 그건 자신 안에 있던 사랑이었다. 슬픔과 기쁨을 나누고 위로하며 서로의 성장을 응원한다. 돕고 배려하는 중에 사랑도 사람도 큰다. 그럴 때 사랑의 결속력은 단단하게 뿌리를 내린다. 서로를 존재로 알고 기억함이 사랑이었다. 그건 기적에 가까운 일이었다. 그래서 어긋나서 헤어지더라도 사랑했던 시간은 감사하고 기쁜 일이 된다. 그것을 감사하게 느낄 수 없다면, 그건 사랑이 아닐 수 있다.

모든 것에 당연한 것은 없다. 사랑도 나를 내어놓는 과정을 거치지 않는다면, 존재 자체를 사랑하는 마음을 가지지 않는다면, 다가갈 수 없는 영역이다. 자기 성장의 필수 과정 중 하나로 사랑이 있다는 것을 잊지 말아야겠다. 사랑은 죽는 순간까지 변하는 것이다. 그렇기에 우리도 변화라는 리듬 속에 깨어 있지 않다면 사랑을 놓치게 된다. 그 변화 속에서 배우지 못한다면 태어났을 때와 다름없는 상태로 생을 마감하게 되지 않을까.

사랑은 미친 짓이라지만, 사랑이 없다면 미쳐가는 것도 맞다.

사랑은 명사가 아닌 동사

환상과 망상 사이 아픔이 있었다

<내겐 너무 사랑스러운 그녀 Lars and the Real Girl 2007>

내가 아닌 다른 모든 이가 타인이다. 공통점도 물론 있지만, 우리는 서로 다른 존재다. 같은 부모 밑에 태어난 형제자매도 마찬가지다. 다르다는 사실에 주목하면 다르지 않은 게 없고, 같다는 사실에 주목하면 같지 않은 게 없다. 사실 그것을 구별하는 것은 각자 다른 시각의 차이일 뿐이다.

영화 <내겐 너무 사랑스러운 그녀 Lars and the Real Girl>의 주인공 라스는 결혼한 형의 집 맞은편 창고에 서 살고 있다. 그는 수줍음이 많다. 매번 식사에 초대하는 형수도 부담스럽고, 직장에서 만나는 동료의 호의도 비켜 가기 바쁘다. 어떻게든 피하는 데 급급한 그는 어느 날, 형과 형수에게 여자친구를 소개하겠다고 말한다. 사람들과 어울리지 못하고 외롭게 사는 동생을 걱정했던 형 거스와 형수 카린은 기뻐하며 라스와 여자친구를 식사에 초대한다. 그런데 그가 소개한 여자친구 '비앙카'는 다름 아닌 리얼 돌(Real doll)이었다.

정신병을 만드는 건 그 사회의 합의에 따라 다를 수 있다. 우리가 정신병이라는 것을 어떻게 규정지어 왔을까. 고대에는 이성과 구별되는 독특한 영역으로 경외의 대상이기도 했다. 그러다 중세에는 신의 현실적 현현의 증거가 되거나 반대로 악마의 증거가 되어 화형이 행해지기도 했다. 근대에는 반이성적인 상태로 통제의 대상이 되었고, 현대에는 치료를 요구하는 질병으로 분류되었다. 이렇듯 정신병이라 규정짓는 것도 시대에 따라 사회가 판단하는 기준에 따라 다르게 취급되었다. 현대에는 모든 이가 감기처럼 조금씩 정신적 심리적 병을 겪고 있기 마련이라고도 본다. 자폐도 스펙트럼을 가지듯 정신병이라는 같은 병명에 묶여도 그 결은 각각 다르고 경계가 모호하기도 하다. 때에 따라 천재적 재능으로 부러움의 대상이 되기도 한다.

영화에는 라스의 황당한 행동 뒤에 가려진, 아픔을 지켜보는 다양한 사람들이 등장한다. 정신병이라고 펄쩍

환상과 망상 사이 아픔이 있었다

뛰는 형을 가라앉히며 당황스러운 상황을 사랑으로 수용하는 형수 카린이 먼저 라스 곁에서 관계의 물꼬를 튼다. 가장 가까운 가족의 시선은 정신적 병을 가진 사람들에게 더 중요한 것 같다. 마치 감기를 앓듯 몸뿐만 아니라 정신도 때때로 병에 걸린다. 현대인들은 다 조금씩 정신의 병을 가졌는지도 모른다. 시간이 흘러 낫기도 하고 후유증이 있는 채로 세상에 스며들기도 한다.

이야기는 환상적이다. 이런 공동체가 있다니. 그곳은 천국처럼 따뜻했다. 그래서 영화는 내게 SF 환상처럼 보인다. 의사조차 라스의 병을 정신병이라는 질병으로 진단 내리거나, 감금하거나 약물로 간단히 치료하지 않는다. 객관적이고 따뜻한 시선으로, 그를 보통 사람들과 분리하지 않는다. 의사는 환자 스스로 미로에서 나올 수 있게 돕는 조력자가 된다. '아리아드네의 실*'을 풀어 라스 본인이 걸음을 옮길 수 있게 안내한다. 자칫 이상하다는 생각을 일축하듯 누구나 가진 이상함을 나누면서 온 마을이 한 청년의 아픔에 같이 생각하고 공감한다. 그가 겨

---

* 아리아드네의 실은 그리스 신화에서 테세우스가 미노타우로스의 미궁을 탈출할 때 아리아드네가 건네준 실타래로, 복잡한 문제 상황에서 해결책을 찾거나, 위험한 상황에서 벗어날 수 있는 중요한 단서나 방법을 비유적으로 표현할 때 사용된다.

울을 지나 찬란한 봄을 맞이하기까지 지켜봐 준다. 자신의 의지와 더불어 마을의 온기가 그의 얼굴에서 웃음을 끌어낸다.

　라스는 어릴 적 엄마의 죽음, 자라면서 형과 갑작스러운 이별을 겪으며 마음의 병이 안으로 깊어졌던 것 같다. 두려움과 불안함으로 얼어버린 어린 시절. 그렇지만 라스는 계속해서 그렇게 살 수는 없었다. 어쩌면 창문 너머 형 집을 바라보며 누구보다 따뜻한 일상을 그리워했는지 모른다. 하지만 자신은 그들에게 다가갈 방법이 보이지 않았다. 두려움에 성벽을 높게 세울수록 사람들로부터 분리되었다. 타인들과의 실질적 접촉조차 구체적 아픔으로 다가왔다. 장갑을 끼고 여러 겹의 옷을 입었다. 두려움에 갑옷을 두르고 자신을 보호하고자 했다. 비앙카는 또 다른 갑옷, 안전한 가면은 아니었을까. 그녀는 라스에게 타인에게 폐를 끼치지 않고 자신과 밀접하게 있을 수 있는 유일한 존재였다. 세상을 대면하기 두렵지만, 점점 외로워지는 자신이 답답했던 그가 고안해 낸 세상과의 접점이 아니었을까. 비앙카(리얼 돌)는 어쩌면 라스가 세상과 만나고 싶은 간절함이었는지도 모르겠다. 연결되고 싶은 무의식이 만들어 낸 환상이 아닐까.

　　　　　　　환상과 망상 사이 아픔이 있었다

늘 가지고 다니는 '라이너스 담요'[**] 같은 엄마의 목도리는 어린 라스가 아직 엄마의 탯줄을 끊어내지 못하고 매여 있는 모습이다. 오래전 엄마의 죽음에서 애도를 끝내고 다시 삶으로 옮겨오지 못했다. 죽음이 가지는 공포에 휩싸인 어린 라스가 어른이 되었지만, 상실은 아픈 기억으로 진하게 남았다. 그래서 라스는 죽지 않는 비앙카를 고안해내지 않았을까. 아버지는 무심했고, 가까웠던 형은 엄마의 죽음처럼 갑자기 이별을 안기고, 설명도 없이 떠나버렸다. 그 두려움이 만든 아픔은 라스를 찌르고 다른 사람과의 접촉을 거부하게 했다.

비앙카를 등장시킨 것은 무의식적으로 답을 찾고자 했던 모습이다. 자신의 의지로 알을 깨고 나오려는 용기였다. 편견 없는 의사 선생님, 정상과 비정상의 구분을 무너뜨리는 마을 사람들의 배려, 누구보다도 그를 사랑했던 형과 형수가 밖에서 단단한 알을 같이 깨고 있었다. 라스를 둘러싼 작은 세상이 서서히 오래된 탯줄을 끊고 환한 세상으로 발걸음 할 수 있게 기다려주었다.

[**] 라이너스의 담요. 한 사람이 애착을 가지는 물건(만화 The Peanuts에 등장하는 라이너스가 항상 담요를 가지고 다니는 것에서 유래된 말)

영화를 보며 내가 가진 편견은 얼마나 많은가? 하는 질문이 떠올랐다. 우리 안에 각자 특이한 모습이라 할 수 있는 것이 있다. 일종의 병이라는 프리즘으로 보면 병이 아닌 게 없다. 낯선 것을 바라볼 때 거부하고 밀어내기보다 멈춰서 내가 가진 프리즘을 점검해봐야 한다. 겉이 아니라 안을 편견 없이 들여다볼 기다림을 가질 수 없을까. 귀 기울이고 천천히 지켜봐 줄 시간에 인색한 세상. 우리가 다르다고 밀어내는 타인들에게 나 또한 그만큼 다른 타인이다.

우리는 모두 크고 작은 문제를 안고 살아간다. 그 문제는 어떤 이들에게는 하찮고 가볍지만, 또 어떤 이들에게는 지구의 무게만큼 무거운 현실이다. 문제를 앓으면서 통로를 발견할 때까지 기다릴 수 있는 공동체는 동화에서나 가능한 일일까. 실제 몇 년 전 대한민국에서 사람 키만 한 봉제 인형과 결혼하겠다는 청년이 등장했다. 현실의 사람들은 그를 희화했고 조롱했고 병으로 취급하며 쉽게 단정했다. 돌이켜보면 그가 법을 어기거나 세상에 해를 끼친 것은 없었다. 하지만 그의 방식과 행동은 즉각 거부되었다. 조롱거리로 사람들은 손가락질하기 바빴다. 우리의 공동체는 서로를 살리기보다 서로를 죽이는

데 쉽게 동의했다.

변화가 빠른 요즘이다. 고정된 시선으로 보면 세상에 비치는 나 또한 고정된 프레임에 재단될 것이 뻔하다. 좀 더 유연하고 타자를 깊이 들여다볼 수 있는 따뜻한 시선이 필요한 시기다. 다르다는 게 틀린 것은 아니라지만 다르다는 이유로 우리는 회피한다. 아름다운 환상을 만들어가기보다 망상이라고 쉽게 재단한다. 자세히 깊게 보려 하지 않는다. 어쩌면 우리 모두 삶에서 전투를 치르고 있다. 어느 때라도 친절하게 나를 만나듯 타인을 볼 수 있다면 아픔은 쉬 가라앉을 것 같다.

당신의 행복을 위해 설계되었어요

<아임 유어 맨 I'm Your Man 2021>

세상에 여자만큼 알기 어려운 존재도 없다. 많은 인류가 손을 든 종족이 아니던가. 통계와 데이터를 탑재하고 여자를 공략하지만 맞춤 휴머노이드도 사랑 앞에서는 난관이다. 평균 93%의 여자들이 좋아할지라도 이 여자는 나머지 7%의 여자니까.

<아임 유어 맨 I'm Your Man>은 연구비 마련을 위한 휴머노이드 사업의 목적으로 배우자 로봇과 같이 동거하게 된 알마가 나온다. 그녀는 3주간 로봇 톰을 테스트하고 보고할 의무를 받고 집으로 들인다. 자신의 성향과 취향에 맞춤으로 만들어진 톰은 어느 한 면으로 완벽하다. 그녀가 원하는 외모, 그녀와 대화 가능한 지식, 그리고 위트까지 겸비한 그다. 나는 당신의 행복을 위해 설

계됐다고 말하는 톰. 하지만 알마는 자신의 행복을 위해 태어난 그를 선뜻 반기지 않는다. 그가 그녀의 집에 들어가서 처음 안내된 방은 그래서 창고 방이다. 잡다한 물건이 있는 창고 방으로 안내되었다는 것은, 알마에게 톰은 청소기와 같은 존재였음을 말하는 걸까.

영화는 선을 긋고 바라보던 알마의 시선이 변하게 되는 과정이다. 톰과의 거리가 좁혀지며 까마득히 잊고 지냈던 사랑이 봄바람을 타고 날아오듯 그녀에게 움트기 시작한다. 인간은 결국 행복을 바란다. 하지만 맞춤처럼 등장한 사랑의 존재는 알고리즘으로 무장한 로봇이다. 알마는 그의 등장이 시간이 지날수록 혼란스럽다. 처음엔 그와 대화하면서도 독백하는 것 같다고 말한다. 그가하는 말은 데이터에 기반을 둔 기능적이고 기계적인 답변이다. 아무리 인간적인 모습의 뉘앙스를 풍기며 감쪽같이 말한다 해도 말이다. 너무나 완벽한 맞춤이라 오히려 인간적이지 못하다. 사랑은 밀당(밀고 당김)이다. 톰은 맞춤 로봇이라 밀당이 없다. 이는 알마에게 설렘을 일으키지 못한다. 그들의 만남은 그저 일의 연장이었고 관계의 변화는 생각지 못했다. 처음에는 그랬다.

인간은 짧은 시간을 산다. 과거의 기억이 있어야 미래

가 있는 것이고 과거의 기억을 잃어가는 것은 존재 자체가 없어져 가는 것과 같다. 인간은 불완전하고 앞뒤가 맞지 않으며 감정적이고 이기적이다. 하지만 그런 면이 있기에 인간이다. 유한하기에 집착하고, 한정된 시간 속에 존재하기에 영원하지 못함으로 불안하다. 기억 하나로 행복해지고, 가슴 아프기도 한 존재다. 똑같은 사물도 함께한 시간 속에 의미를 가지며 애착을 느낀다. 기억을 공유한다는 것은 인간에게는 중요한 의미다.

알마는 고대 역사에 관한 연구를 하고 있다. 그녀가 3년간 매달린 연구작업이 비슷한 시기에 같은 주제로 시작한 다른 연구팀에서 이미 발표되었던 것임을 뒤늦게 톰을 통해 알게 된다. 3년이라는 시간을 날린 그녀는 즉각 화가 나 분통을 터트린다. 그리고 이내 침울해진다. 하지만 톰은 알마를 이해할 수 없었다. 인류 역사에 도움이 될 발견을 누가 발표하는 게 뭐가 중요하냐는 식이다. 누가 되었던 발표했고, 인류에 의미 있는 발견을 이루었으니 그렇게까지 화날 일은 아니라고 한다. 하지만 그건 휴머노이드 로봇이기에 가능한 답이다.

인간은 그런 식으로 대처할 수 없다. 그것을 단순히 알마가 협소한 시각을 가졌거나 자기중심적인 인간이라

당신의 행복을 위해 설계되었어요

서 그렇다고 쉽게 단정 지을 수 없다. 3년간 노력이 하루 아침에 물거품이 되었는데 화가 나고 허무하지 않을 인간이 있을까. 인간이라면 자연스러운 감정이다. 인간은 감정을 배제하고 이성만 분리해서 가질 수 없다. 후회하고 넘어지고 실패하고 그럼에도 다시 일어서고 시도하니까 인간인 것이다. 감정이 요동치는 것이 인간이다.

이런 알마에게 시간이 갈수록 톰은 처음과 다르게 점점 의미 있는 존재로 스며들고 있었다. 그에게 집 열쇠도 챙겨주고, 속마음도 나눈다. 하지만 알마는 학자로서 생각한다. 인간관계에 사람 대신 로봇이 차지하게 된다면, 자기 입맛에 중독되어 자기중심적인 오류를 다른 인간관계에서도 일으킬 수 있다. 그것이 친밀한 배우자의 자리라면 한 사람의 내면에 더 깊은 영향을 끼치게 될 것이다. 인간관계란 일방적이지 않기 때문이다.

관계에서 우리가 힘든 것은 내 마음대로 되지 않기 때문이다. 관계라는 것은 마음대로 되는 것보다 마음대로 되지 않는 것이 오히려 자연스러운 것이다. 만약 내가 원했던 사람과 결혼했더라도, 사랑했던 모든 것은 내가 만든 환상이었나 하는 현타(현실 자각 타임)가 결혼 후에 찾아오는 것이 현실이다. 하지만 그런 과정에서 아프고,

속상하고, 후회하고, 반성하며 우리는 변해간다. 한 단계 더 나아가 양보하고 타협하며, 또 다른 사랑의 형태를 재발견하며 성숙해간다. 인간은 기나긴 시간 동안 사랑과 갈등을 통해 관계를 구축한다. 서로가 다르다는 것에 다투고, 그 다름을 이해하며 성장한다.

그러나 달콤한 마약 같은 이런 맞춤 로봇은 인간이 관계를 떠올릴 때 가지는 환상에 가깝다. 나를 중심으로 오직 나의 행복만을 바라는 연인, 이상적이고 아름답다. 하지만 그것이 진정한 사랑일까? 알마는 테스트 후 보고서에 배우자 로봇은 인간에게 좋지 못한 영향을 끼치게 될 것이므로 반대한다는 결론을 내린다. 그녀는 말한다. "우리를 인간답게 하는 건 채울 수 없는 행복에 대한 갈망이 아닐까." 내 마음대로 되는 사랑은 이미 사랑이 아닌지도 모른다.

한편, 알마는 그동안 톰에게서 다른 사람에게는 받지 못했던 이해를 받았음을 알게 된다. 알고리즘적인 이해지만, 그는 깊이 있게 그녀의 심리를 읽어낸다. 그녀는 자신을 떠나라고 톰에게 명령한다. 하지만 그가 사라지자 바로 찾기 시작하는 건 알마다. 그리고 둘은 이내 다시 만난다. "당신이 없는 삶은 당신이 없는 삶이 되었어

당신의 행복을 위해 설계되었어요

요." 상실감은 그녀를 더욱 외롭게 만들었다. 그녀에게 남은 노년의 고독과 외로움은 톰을 떠나보내지 못하는 이유 중 하나다. 그녀는 위로와 이해가 필요하고 결국 사랑이 필요한 인간이다. 지난 삶에 사랑은 삐걱대고 아픔만을 남기며 자신을 쓸쓸하게 만들었다. 그래서 이성적으로는 배우자 로봇의 위험성을 보고하고 이별을 서둘렀지만, 감정적으로는 헤어질 수 없었다. 그녀는 인형을 끌어안듯 로봇을 끌어안고 위로받고자 하는 건 아닐까. 그녀가 이해되면서도 뭔가 꺼림칙함이 남는다.

이야기 중반에 톰과 산책을 하던 중 숲속에서 사슴 떼를 만나는 장면이 있다. 인간과 외적으로 구별하기 힘든 그를 만나는 사람마다 좋아하듯 사슴들도 선한 톰에게 모여든다. 악의 없는 순수한 톰이라 동물들조차 경계 없이 그에게 다가가는 모습이 로맨틱하다. 하지만 사실 자연에서 톰은 그저 움직이는 금속기계다. 좋고 나쁨의 대상이 아니다. 경계가 강한 동물은 그 감각으로 적과 동지를 구별해 살아남았다. 어쩌면 사슴에게 톰은 생명체가 아니기에 경계가 풀린 것이겠지만, 만약 사슴을 잡는 사냥 로봇이었으면 어땠을까.

지금 딥러닝을 통한 AI는 지능적으로는 인간을 추월

했다고 본다. 인공지능이 인간을 뛰어넘는 것이 나쁘기만 한 것일까. 이 뛰어난 도구가 환경을 개선하고, 서로를 돕고 더 나은 세상을 위해 쓰인다면 인간을 넘어선 지능을 반대할 건 없다. 하지만 도구의 쓰임이 인간의 이기적 편리에 따라 움직인다면 어떨까. 환경 파괴를 가속하고, 전쟁의 도구로 쓰이거나 지구 생명체에 해롭다면 어떤가. 또 인간관계에 깊이 개입하여 실제 사람과의 관계를 어그러지게 만든다면 세심한 주의가 필요하지 않을까. 결국, 기술이 삶의 편의성을 넘어 인간의 감정에 관여하게 된다면, 감정을 다치는 것은 인간이기 쉽다. 그래서 지금 인공지능을 걱정하기보단 정확히 그 도구를 쓰게 되는 또 다른 인간의 이기심을 경계의 시선으로 봐야 하는 것이 맞다.

알마가 톰을 배우자로 받아들인다면, 긴 세월이 지난 후 언젠가 지난 시간이 아주 긴 독백이었음을 다시 깨닫게 될지도 모르고, 달콤한 사랑의 치명적 독에 영혼은 상처 입을 수도 있다. 할 수 있어도 하지 말아야 할 것이 있고, 하고 싶어도 멈춰야 할 때가 있다.

사랑은 일방적 맞춤이기보다 변화 속 어울림이고, 고정되어 있지 않은 설렘이다.

당신의 행복을 위해 설계되었어요

당신은 어때요?

\< 피셔 킹 The Fisher King 1991 \>

기적

'얼음 땡'이라는 놀이가 있다. 술래가 다가오면 '얼음'
이라고 외치고 멈춘다. 술래가 멀어지면 동무끼리 '땡'이
라고 풀어줘서 도망 다니는 놀이다. 위기의 순간에 '얼음'
하고 술래에게 잡히는 것은 피했지만, '땡'을 해주지 않
으면 그 자리에 그대로 있어야 한다.

서점을 둘러보면 사회학 코너에 분노사회, 피로사회,
대리사회, 단속사회, 혐오사회라는 제목의 책이 꽂혀 있
다. 사회라는 것을 바라본 프리즘에 걸려든 단어들은 어
둡다. 뉴스는 누가 더 엽기적으로 인간성을 상실했는지
를 경쟁한다. 서로의 나쁨과 잔혹을 앞다툰다. 좀 더 세

고 자극적인 내용이 귀와 시선을 뺏는다.

이 시대를 관통하는 단어 '비인간화'란, 사람을 볼 때 기본적으로 인간이 소유한 특성이 결여된 상태, 또는 타인을 없는 듯 취급하는 것을 말한다. 현대사회에 단짝처럼 따라붙는 비인간화는 사람들을 얼어붙게 만들고 서로를 의심과 불안으로 가둔다.

<피셔 킹 The Fisher King>에서 비판을 넘어 비관적인 시선을 가진, 잘나가는 라디오 DJ 잭이 나온다. 그는 언제나 냉소적 답변으로 세상을 비튼다. 때론 그 비틈이 가식적인 세상에 시원함을 주기도 한다. 어느 날 청취자의 전화에 무심코 던진 말 한마디의 파장으로 총기 난사가 일어나고 많은 사람이 죽는다. 하루아침에 간접가해자가 된 그는 그 후 두려움에 마음을 닫고 하루하루를 견디는 삶을 살게 된다.

고통받던 잭은 술이 위안이었고 자기 비하와 비아냥은 바닥을 친다. 술에 취한 어느 날, 거리에서 만난 부랑자 페리와 어울린다. 그의 정신 나간 이야기를 듣고 고개를 절레절레한다. 한편으로 값싼 동정도 한다. 하지만 왠지 그를 자꾸 돌아보게 된다. 우연히 만난 페리 이웃에게 정신 나간 청취자가 저지른 총기 사건으로 눈앞에서 부

인을 잃게 된 페리의 이야기를 듣게 된다. 여전히 냉소적인 잭은 주머니를 털어 돈 몇 푼을 그에게 쥐여 주며 죄의식을 값싸게 벌금 내듯 치른다. 자신은 살인을 저지르지도 지시하지도 않았다며 마음속으로 변명했는지도 모른다. 그러나 자신의 냉소가 사람들을 선동했고 어리석은 자를 부추겨 세상을 피로 물들였음을 외면할 수는 없었다.

사람도 사랑도 믿지 않고 오로지 출세와 돈을 믿던 잭이다. 세상은 쓰레기 같은 놈들로 가득 찼고, 사람에 대해 기대도 희망도 없던 그였다. 그런데 누군가를 걱정하고, 마음이 쓰이고, 그 사람의 상처가 아물었으면 하는 사랑이 그들 사이에 기적을 만들었다. 죄책감으로 출발한 페리와의 만남은 시간이 흘러 서로를 치유하게 된다.

부랑자 페리가 잭에게 들려준 성배 이야기가 있다. 왕이 되고자 하는 소년이 용기를 증명하기 위해 성배를 찾아나서는 이야기다. 성배를 찾아 숲을 헤매던 중 소년은 신성한 환영을 보았다. 불꽃 속에 손을 뻗어 성배를 쥐려고 할 때 성배는 사라지고 손에 상처를 입는다. 나이 들수록 상처는 깊어졌다. 후에 왕은 되었지만, 삶의 이유를 잃어버렸다. 그 자신조차 믿지 않았으며, 사랑할 수도, 사랑받을 수도 없게 된다. 왕은 모든 게 싫어졌고 서서히 죽어갔다. 어느 날 바보가 혼자 있는 왕을 본다. 바보 눈에는 왕이 아니라 고통스러운 한 남자가 쓰러져 있는 것으로 보인다. 바보가 왜 그러냐고 묻자, 왕은 목마르다고 한다. 바보는 침대 옆 컵(성배)에 물을 받아서 그에게 건넸다. 평생을 찾아도 보이지 않던 성배를 어떻게 찾았냐는 물음에 바보는 나는 성배가 뭔지 모르지만, 당신이 목마르다는 걸 알 뿐이라는 말을 남긴다. 그가 그 물을 마시자 오랜 상처가 치유되었다.

각박한 세상이라고 말한다. 우리가 서로를 메마르게 만든 것은 무엇 때문일까? 무엇이 서로에게 총구를 겨누며 눈을 멀게 하는 것일까? 상대에게 쏜 총알은 상대만 죽이지 않는다. 곧 나에게 돌아온다. 하지만 인간은 타인의 고통을 광고를 보듯 스칠 뿐이다. 나와 관계없다며 나에게는 일어나지 않는 일이라고 쉽게 고개 돌린다.

최고의 자리에서 하루아침에 바닥으로 떨어진 잭, 아내와 행복하게 잘 살았던 페리가 정신이 나간 것은 관계없는 일이 아니다. 우리는 서로 연결되어 있다. 내가 행복하기 위해서는 타인의 행복이 있어야 한다. 타인의 불행이 내 행복의 위안이 될 수 없다는 말이다.

당신은 어때요?

결국, 잭은 페리의 마음속으로 들어간다. 정신 나간 부랑자라 여겼던 값싼 동정을 걷어내고 친구가 된다. 그리고 트라우마로 경직되어 돌처럼 굳어버린 페리를 위해 그만의 기사가 된다. 그가 일러준 성배를 가져오기 위해 도둑질까지 감행한다. 잭이 훔쳐서 손에 든 성배는 사실 어떤 행사 기념품으로 만든 트로피였지만, 페리의 아픔을 가슴 깊이 받아들인 잭에겐 성배가 된다. 친구를 위한 사랑의 마음으로 가져온 성배는 목마른 서로에게 한 모금의 물이 되어 기적을 이루게 된다.

상처를 아물게 하는 것

인간은 살아가며 크든 작든 상처를 입는다. 때론 부서져 회복 불능으로 파괴되기도 한다. 눈앞에서 난사된 총으로 사랑하는 아내를 피투성이로 잃게 된 페리가 보는 거대한 적(赤)기사의 환영은 그를 두려움과 공포로 몰아넣고 제정신으로 살 수 없게 만든다. 트라우마가 환영으로 드러난 모습이지만 어느 때고 나타나 페리를 쫓는다.

사람은 현실과 고통의 괴리가 극심하면 그 고통을 견딜 수 없어 아예 차단하게 된다. 기억을 잠가버리는 보호

장치를 가동하고 해리성 기억상실을 일으킨다. 고통을 가뒀다는 점에서 다행이라고 할 수 있지만, 그 고통은 다른 은유로 스멀스멀 피어나 알 수 없는 환영과 환청으로 생을 불안으로 담금질한다. 치유할 수 있는 길은 오히려 고통을 천천히 받아들일 수 있을 때 가능하다. 그때 가장 안전한 그물망이 되어 줄 수 있는 것은 사랑하는 타인이다. 아프고 상처 입은 존재 그 자체를 사랑하는 또 다른 타인만이 그를 껴안을 수 있다.

사람은 사람 때문에 고통스럽다. 하지만 아이러니하게도 사람으로 인해 우리는 다시 살 수 있게 된다. 우리가 점점 냉소적으로 변해가는 순간에 기필코 잊어서는 안 되는 건 우리를 '얼음'으로부터 풀려나게 할 수 있는 것은 타인이라는 사실이다.

냉소적인 잭 곁에 앤의 다정함이 있었다. 조금 부서졌지만 완전히 파괴되지 않도록 잭을 온 마음으로 끌어안는다. 페리가 한눈에 사랑에 빠진 리디아는 어둡고 슬프다. 하지만 페리에게는 빛나는 공주님이다. 페리는 겉으로 드러난 그녀의 실수나 허술함에 가려져 있는 상처를 본다. 상처라는 어둠 속에 잠긴 그녀의 온기를 그가 다시 깨운다. 지극하고 진실한 사랑만이 상처를 치유하고 서로를 버티게 한다. 얼어붙은 상처를 푸는 건 마법의 성배가 아니라 목마름을 적셔줄 걱정하는 마음이다.

분노, 피로, 혐오에 맞서는 것은 거대한 담론이 아니다. 작은 온기가 시작일 수 있다. 공감이나 배려가 무겁게 느껴진다면 다정함은 어떤가? 안부를 물어보는 그 작은 마음이 시작이다. 당신은 괜찮은가요? 요즘 당신은 어때요? 잘 지내나요? 서로에게 건네는 다정함으로 온기를 나눌 수 있다면 서로를 녹일 수 있지 않을까. 잔디 깔린 공원에서 밤하늘을 보며 웃고 이야기하는 중에 부르는 노래 'How about you?'는 영화가 끝나도 여전히 우리에게 안부를 묻는다.

전혀 모르는 타인에게 느끼는 다정함은 그래도 세상이 꽤 살아 볼 만한 곳임을 느끼게 해준다. 지하철에서 서둘러 일어서다 떨어진 물건을 주워주는 행동, 두 손 가득 물건을 들고 건물에 들어설 때 문을 잡아주는 행동, 바쁜 아침 엘리베이터를 멈추는 손, 넘어진 아이를 일으켜 세우는 손길처럼 우리는 타인에게 다정함을 내비칠 수 있다.

낯선 타인에게 다정함을 건네는 게 시작이라면 나와 적대적인 타인에게 건네는 다정함은 가능할까? 심리 실험 중 캠프에 어린이를 모집하고 즐겁게 잘 지내던 중에 팀을 나누고 옷을 다르게 입히고 이름을 달리 붙였다. 그것만으로도 서로를 적대시하고 싸움이 일어났다. 인간은 많은 같은 점보다 조그만 다른 점으로 편을 가르고 적의를 쉽게 품는다. 우리 편에는 다정할 수 있지만, 반대편에 가혹한 것이 인간의 민낯인지 모른다. 서로 아는 사람끼리의 다정함은 쉬울 수 있다. 또 모르는 타인이라도 환대할 수 있다. 하지만 적대적인 반대편에 친절하기는 어려운 문제다.

전혀 모르는 타인보다 나와 생각이 다른 타인을 만날 때 우리는 물러나게 된다. 정치적으로 반대편에 있거나 생각이나 가치관이 다른, 나와 반대편에 있는 적대적 존재에게 다정함을 가지기는 쉽지 않다. 하지만 마음 깊이 다정하기는 힘들더라도 예의를 갖추는 것은 중요한 지점이 될 수 있다. 다르다는 것은 틀린 게 아니니까. 설득과 타협은 가능해도 강요는 또 다른 폭력이 될 수 있다.

세계는 몇 년 전 전염병으로 가려지고 차단되었다. 엘리베이터에서 만난 이제 갓 걸음을 뗀 꼬마의 입을 가린 마스크는 나와 관계없는 일이 아니다. 우리가 만든 세상이 전염병을 가져와 꼬마에게 마스크를 씌웠다. 다정히 인사하고 헤어진 꼬마와 난 서로를 선의로 지키는 귀중한 존재다. 한 사람의 악행은 그 사람으로 끝나지 않는다. 우리는 연결된 존재이며 이 결핍의 시대로부터 배우지 못한다면 더 큰 불행이 우리를 덮칠 것이다.

다윈은 적자생존으로 생명체를 설명했다. 마치 힘세고 강한 자만이 살아남는 세상을 설명한 듯하다. 하지만 정확히는 환경에 적합한 존재가 살아남았다는 말이다. 결코, 힘의 우열이나 서열이 아니었다. 변화에 유연하고 서로에게 도움이 되려는 본성 또한 적자생존에 필요한 요소가 될 수 있다. 모든 것을 게걸스럽게 소비하는 인간은 이제 인간까지 소비하고 소유하는 엄혹한 환경에 도달했다. 얼어붙은 마음을 녹이는 봄바람은 어쩌면 작은 다정함으로부터 비롯될 수 있다. 그리고 인간이라면 지켜야 할 예의를 서로 지키는 것이 기본이 되면 좋겠다. 그것이 서로의 생존에 안녕이라는 인사를 건네는 것이다.

인간의 고통을 치유하는 성배의 수호자는 용기를 가져야 한다. 그 용기는 성배를 차지하기 위한 용기가 아니다. 신이나 왕이 되어 누리기 위함도 아니다. 그 용기는 타인을 측은히 여기는 온기, 진심으로 걱정하는 마음, 상처 안에 웅크린 불안한 존재를 일으켜 세우는 사랑의 힘에 있는 것이다. 그것이 성배를 빛나게 하는 진실이다.

당신은 성배를 무엇으로 채울 것인가.

너를 만나 알게 된 것들

<바닷마을 다이어리 海街dairy, Our Little Sister 2015>

기존에 정상 가족이라고 말하는 고정된 의미를 고레에다 히로카츠 감독은 가족의 의미를 확장하는 방식으로 무너뜨린다. 정상 가족과 비정상 가족을 구분 짓는 허술한 선을 밀치고 우리가 가족이라 부를 수 있는 의미를 다시 생각해보게 한다. 가족은 혈연만으로 이루어지는 것은 아니다. 물론 여기 <바닷마을 다이어리 海街dairy, Our Little Sister>에서는 어쨌든 혈연의 의미를 크게 벗어나지는 않는다. 하지만 감독의 <어느 가족>이나 <브로커>, <걸어도 걸어도>등에서 보여주듯 영화에서 가족의 범위는 넓다. 그 형태는 다양하지만, 정과 유대로 이어진 관계라고 뭉뚱그릴 수 있다. 그 연대가 가족이다.

일상을 같이 나누고 함께 모여 밥을 먹는 사람들. 그들을 가족이라 부를 수 있다. 봄이 가고 여름이 지나고 가을 겨울을 함께 맞이하고 보낸다. 가족은 그런 것이라고 말하듯 조용히 꾸준히 <바닷마을 다이어리>는 보여준다. 함께 음식을 만들고, 둘러앉아 같이 먹는 장면은 영화에 자주 등장한다. 카레와 국수, 전갱이 튀김, 잔멸치 덮밥을 맛있게 먹으며 이야기 나눈다. 그리고 집마당에 외할머니 때부터 있었던 매화나무에서 열매를 따고, 꼬챙이로 매실에 각자 이름을 새기면서 함께 우메슈(매실주)를 담근다. 음식을 함께 만들고, 얼굴을 마주하고 먹으면서 서로 위로하고, 힘을 내고 하루의 안녕을 살핀다.

영화가 시작되고 오래전 가족을 버린 아버지의 장례식장으로 세 자매는 달갑지 않은 발걸음을 옮긴다. 그곳에서 큰딸 사치는 어릴 때 자기 모습과 닮은 아이를 만난다. 사치는 오래전 아버지를 떠올려보지만 미움도, 추억도 세월 앞에 어느덧 희미해졌다. 다만 홀로 남겨진 이복 여동생에게 왠지 마음이 쓰인다. 그 옛날 어른이 어른답지 못하게 책임을 내던지고 간 곳에 어린 사치는 그 짐을 고스란히 떠안았다. 어린 시절을 반납하고 애 어른이 되어, 두 동생을 부모 대신 지켜낸다. 그래서일까. 아마 부모 없이 남겨진 어린 동생 스즈에게서 자신을 봤을 것 같다. 사치는 스즈만은 자신이 느끼는 결핍과 불행을 겪게 하고 싶지 않은 마음에 이복동생을 카마쿠라로 초대했을 것이다.

애어른이라는 말에는 정신적, 인지적으로 성숙하고 사려 깊다는 의미가 있다. 다르게 표현하면 나이에 맞지 않게 어른이 되었다는 의미도 있다. 아이가 성숙하다는 것은 어울리지 않는 조합이다. 아이는 어린이로 그 시절을 한껏 누려야 행복하다는 생각이다. 큰딸 사치는 다시는 되돌릴 수 없는 어린 시절을 그것을 지켜줘야 할 부모에게 도둑맞았다. 아버지의 바람과 엄마의 가출로 부모를 하루아침에 잃어버린 사치. 그 와중에 자신의 두려움과 슬픔은 접어두고 어린 두 동생에게 언니뿐만 아니라 엄마 아빠 노릇까지 해야 했다. 세 사람의 역할을 한 아이가 떠맡은 격이다. 어른의 복잡한 상황, 무책임한 잘못, 그릇된 욕망으로부터 가장 상처받은 사람은 어린 사치였다. 사치는 매화나무를 보며 "살아 있다는 건 다 손길이 필요해"라며 말한다. 나무도 매해 계절마다 사람들의 손길이 필요한데 사람은 어떻겠는가. 어른이든 아이든 인간은 다정한 손길이 필요하다. 그 다정한 온기로 하루하루를 버티면서 살아간다. 사치는 막막한 시간을 무엇으로 버텼을까. 사치의 아픔은 눈물을 흘리기도 전에 화석처럼 굳어져 버린 걸까.

어른 없이 성장하는 아이는 외투 없이 속옷 바람으로 겨울바람을 맞고 있는 모습이다. 부모라는 울타리 안에서 응석도 부리고, 실패도 경험하면서 천천히 자신의 힘을 길러 독립하는 시간을 갖지 못하기에 한 번의 실패에도 벼랑으로 곤두박질치게 된다. 자신의 마음을 온전히 꺼내지 못한 채 두려움과 경계를 먼저 배우게 된다.

차라리 부모가 이 세상 사람이 아니라면 슬퍼도 원망은 적었을까. 세 자매 사치, 요시노, 치카의 아빠는 처자식을 버리고 바람이 나서 두 번째 부인과의 사이에서 스즈를 낳았다. 그 부인이 죽자 또 결혼한다. 자매의 아버지는 다정한 사람이라지만 무책임한 사람이고, 다른 사람에겐 착한 사람이라고 비쳤지만, 가족에겐 철없고 이기적인 사람이었다. 책임감도 없고 처자식을 내팽개치고 욕망을 좇아 달아난 사람이다.

낡고 오래된 집이지만 마음 따뜻한 곳으로 옮겨온 스즈는 언니들의 보호 아래 따뜻하고 정겨운 마음을 나누며 식구가 되어간다. 세 자매에겐 스즈가 아버지의 외도로 생긴 배다른 동생이고 세 자매의 가정을 깨트린 결과물이다. 그러나 냉정히 말해 어른들의 잘못이지 스즈의 잘못은 아니다. 그래서 사치는 스즈와 저녁 준비를 하다가 "누구의 잘못도 아니다."라며 막내를 다독인다. 그리고 그 말은 이제는 어른이 되었지만, 화석처럼 굳어버린 자신의 상처를 향해 전하고 싶었던 말이기도 했다. 사치는 아버지가 남긴 스즈를 보며 착한 동생을 남겨 주신 걸 보면 이웃들이 말하던 다정한 사람임이 틀림없다며 아버지에게 닫혔던 마음의 문을 조금씩 연다. 그리고 이제 네 자매가 된 그들은 천천히 가족이 되어간다. 굳어 있던 막내 스즈도 점차 아이다운 밝은 모습으로 돌아오고, 자매들은 서로를 의지하면서 애틋하게 스며든다.

현대에는 가족의 형태가 다양화되었다. 조손 가정도 많고, 아이가 없는 가정, 동성 가정, 입양 가정, 다문화 가정, 일인 가정 등. 그럼에도 기존의 부모와 아이들로 이루어진 가정을 정상 가족이라고 여기는 고정관념에 박혀 있는 사람들이 아직 많다. 정상을 정해 놓고 보면 그 외는 다 비정상이 된다. 구성을 정상에 가깝게 가졌다고 해서 정상 가족인가? 진정한 가족의 의미를 생각한다면,

가족은 서로를 의지하고 일상을 함께하며 같이 모여 밥을 먹는 식구에 가깝다. 밥 먹는 모습이 닮아가고, 자신의 기분 전환법을 소소하게 공유하고, 표정 하나로 마음을 읽어가며 사랑하는 가족이 되어 가는 것이다.

자매들이 사는 마을 카마쿠라에는 바다가 있다. 육지의 끝, 막다른 곳. 땅과 바다의 경계에서 그녀들은 종종 바다를 찾는다. 이상하게 바다의 넓은 품 앞에서 고민이 풀린다. 사람들은 바다를 보면 마음이 넓어지는 걸까. 푸른 수평선을 보며 삶의 한고비를 넘긴다. 모든 것을 품는 바다를 본다. 가족에겐 화해, 이해, 공감, 수용, 타협이 필요함을 카마쿠라 마을을 감싼 바다를 통해 은유적으로 드러낸다. 파도가 높았다가 낮았다 하면서 해변의 모든 것들을 깨끗이 지워낸다. 서로 보듬고 함께 걸어가는 가족이 있기에 상처는 서서히 아문다. 그렇게 남실대는 파도는 오를 때가 있으면 내릴 때가 있는 삶을 보여준다. 그리고 사람은 그 속에서 흔들리며 균형을 잡아간다. 삶이 있기에 죽음이 존재하고, 죽음이 있기에 삶이 존재한다. 죽음은 누구에게나 찾아오고 살아 있는 동안 아름다움을 발견하며 사랑하며 행복하게 사는 것이 우리에게 남은 유일한 일인지도 모르겠다.

너를 만나 알게 된 것들

우리의 사랑은 여름이었지

<콜 미 바이 유어 네임 Call Me by Your Name 2018>

우리의 사랑은 여름이었지.

그해 여름은 밤낮 꿈에 시달렸지. 낮에는 나른하게 깨어 있고, 밤에는 끝없이 헤매었지. 밤낮을 온전히 살아내지도 못하면서 나는 늘 분주했지.

뜨거움 속에서 생명은 온 힘을 다해 영글었어. 진초록의 빛에 젖어 있었지. 짙은 그림자 속, 모든 것을 감추는 매미 소리에 뜨거워진 마음을 숨소리만 남긴 채 바라보았어. 해가 질 무렵 타오르던 하늘의 화려함 뒤로 어느새 흘러들어 온 묵직한 먹구름에 비로소 마음이 가라앉던 하루.

흔들리는 시간. 불안의 시간. 손에 잡히는 모든 것들이 현실 같지 않았어. 때론 긴장감이 좋았고, 불편했고,

한 방울의 잉크가 퍼지는 투명한 물속이 두렵기도 했어. 우리를 떨리게 하는 것도 두렵게 하는 것도 같은 이름을 가졌지.

그때였을까? 나도 모르게 그 어떤 슬픔과 눈물에도 담담해지는 연습을 하고 있었는지도 모르겠어. 너는 손에 잡히지 않는 바람과 같았고, 사랑할수록 가난해지는 내 마음은 네가 건네준 작은 용기를 마음에 두고 하루치 불안을 가라앉혔지.

눈부신 햇살 아래 너는 서 있었어. 환한 웃음으로 모든 것을 감추었지. 어깨너머 쏟아지는 빛은 사방을 환한 조각으로 부서지게 했지. 집으로 가는 버스 맨 뒷자리. 우린 손을 잡고 있었어. 손으로 감각도 마음도 온통 모여들었지. 그러면 풍경도 시간도 멈췄어. 말없이 통했지만, 한편 너무 달랐지. 달라서 끌렸던 걸까. 사랑한다는 것은 마음을 꽉 채우기도 하고 동시에 마음을 쓸쓸하게 만드는 것이었어. 너는 빛으로, 나는 어둠으로 가는 갈림길에서 잠시 마주했던 걸까. 한 치 앞도 보이지 않았던 시간의 무게 앞에서 우리는 점점 지쳐 갔지. 힘들었다는 말을 건넬 수 없는 나는 자꾸만 초라해졌지. 어느 날부터 꿈에서 하얗고 기다란 무언가에 옴짝달싹 못 하게 묶여 있고는 했어. 그것은 늘 말을 걸었어. 깨어날 즈음에는 너무 많은 말에 눌려 입 밖으로 어떤 말도 쏟아내지 못했지.

우리의 이별은 겨울이었지.

그때부터였을까, 끝없이 헤매던 밤이 멈추고 어둠이 서서히 나를 잠재웠어. 밤은 잠들고 낮이 깨어나던 그 무렵. 나는 너를 못 보고, 못 듣고, 침묵 속으로 조금씩 사라졌지. 우리의 사랑은 다음 계절 속으로 저물어 갔어. 너를 잃기 위해 나를 잊어가던 그 시간이 아팠지.

너를 다시 안을 수 있다면, 너를 다시 볼 수 있다면, 그 여름을 다시 살 수 있다면, 나는 다시 네게 말을 건넬 수 있을까. 가슴을 긋는 아픔은 선연한 피를 쏟아냈지. 계절은 무심히 흐르고 우리는 겨울을 맞이했어. 붉은 자국 위로 하얀 눈이 소복이 쌓이는 밤. 미처 멈추지 않은 뜨거움이 남아 눈을 녹이던 밤. 나는 하얀 입김을 내 품으며 여름의 꿈을 잠재웠지.

모든 것이 숨어드는 겨울. 흑백의 풍경 아래서 나는 잠잠히 앉아 날카롭게 스치는 바람의 칼날에 베어지고 있었지. 안은 비고, 밖은 바싹 마른 겨울이 지나고 있었어. 견디는 시간은 때론 잔혹했지만 나는 죽지 않고 살았어. 하루치 불안을 먹고 버텼지.

누구를 사랑하는 일은 사랑하지 않는 일보다는 나은 거라고 사람들은 쉽게 말하지만, 나는 사랑이 아파서 그런 말 따위가 들리지 않았어. 얼어붙은 마음에 조금의 따스함이라도 남아 있었으면 좋으련만 그런 희망은 사치였지.

나는 이 겨울을 견디고 남아서 새로운 봄을 맞이할 수 있을지 두려웠어. 활활 타는 불 앞에서도 한기를 느꼈어. 나는 꽁꽁 언 마음을 부여잡고 이별을 온전히 앓았지.

사랑은 아픈 거였어.

경계, 사이와 틈을 보다

떠도는 영혼

<트랜짓 Transit 2018>

영화 <트랜짓 Transit>이 시작되면 사이렌 소리가 거리를 긴장시킨다. 그냥 무심한 듯 구경하는 사람도 있지만, 소리에 긴장하고 움츠러드는 누군가는 두리번두리번 주위를 둘러보며 경계태세가 된다. 나치가 독일을 물들이던 때 주인공 게오르그는 독일을 나와 경유지 프랑스로 향한다. 그는 광기에 휘말린 2차 세계대전을 피해 유럽을 떠나고 싶어 한다. 사이렌 소리는 영화 내내 들려 온다. 그 소리가 끝나면 사람이 죽기도, 사람이 잡히기도, 사람이 도망가기도 한다.

영화는 놀랍게도 배경이 현재다. 보는 내내 등장인물들이 말하는 긴박한 이야기와 대비해 평온해 보이는 배경이 이상했는데 21세기 현재의 시간이었다. 묘한 대비가 시선을 긴장시켰다. 폭력과 전쟁을 피해 떠도는 사람들은 나치가 세상을 뒤흔들던 시대만 있었던 것은 아니다. 지금도 이주노동자나 난민이라는 이름으로 스스로가 원한 것은 아니지만, 생명을 부지하기 위해 세상을 떠도는 사람들이 있다. 이름과 모습만 다를 뿐 계속되고 있는 현실이다. 주인공이 숙소를 얻기 위해 프런트 앞에서 방을 잡는 장면이 있다. 머물기 위해서는 떠난다는 증명이 필요하고, 떠나기 위해서는 머물지 않는다는 증명이 필요하다. 부조리한 현실 앞에서 기다림과 불안에 시달린 사람들은 쉴 수 없는 삶에 숨이 막힌다. 그만 이동을 중단하고 정착하고 싶어 한다.

주인공 게오르그가 부상으로 죽은 하인츠의 아들 드리스의 집에서 라디오를 고쳐줄 때 노래가 흘러나온다. 자신이 어렸을 때 잠들기 전 엄마가 불러주던 노래라며 따라 부르는 그의 낮은 목소리에는 처연한 눈빛이 맞물려 지치고 메마른 마음이 묻어난다. 무표정으로 일관해온 그의 마음이 드러난 부분이라 코끝이 찡해진다.

　물고기도 집에 가고

　코끼리도 쿵쿵대며 집에 가고

여우와 기러기도 집에 가고

고양이와 쥐도 집에 가고…….

모두 돌아갈 곳이 있고, 그곳에는 자신을 따뜻하게 맞이해 줄 가족들이 있다. 가족도 사랑하는 사람도 없이 유령처럼 떠도는 자신은 어디에도 속하지 못한다. 배척받고 쫓기는 존재다. 세상은 다름없이 돌고 도는데 이 넓은 세상에 내가 있을 곳은 없다. 끝없이 부유하며 어디론가 늘 떠나야 한다. 하지만 어딘가 떠나고 싶어도 또 떠나기가 쉽지 않은 딜레마에 묶인 주인공의 갑갑한 현실이 영화를 보는 내내 답답하게 다가온다. 내일을 알 수 없기에 직업을 가질 수도, 사랑하는 사람과 약속을 할 수도 없다. 모든 관계의 끈이 끊어진 그는 세상이 만들어 놓은 함정에 갇혔다. 그를 옴짝달싹할 수 없이 묶어 놓은 건 그 자신 때문이 아니다.

그가 잠시 묵고 있는 호텔조차 휴식처가 못 된다. 웅크린 채 잠이 들고, 바깥소리에 늘 긴장해 있다. 그저 선잠으로 잠깐 눈을 붙일 뿐이다. 방을 잡을 때부터 의심의 눈초리였던 호텔직원은 그를 신고한다. 경찰은 수색을 위해 들이닥친다. 다행히 그는 우연이 만든 필연으로 작가 바이델로 위장해서 당당히 서류를 보여줄 수 있었다. 그와 동시에 소란스러운 소리가 밖에서 들린다. 복도로 나가니 어느 가족이 갈라지고 있는 상황이 보인다. 아이들과 아빠는 끌려가는 엄마를 부르고, 사람들은 짐승을 끌고 가듯 마구잡이로 잡아채는 군인들을 목격한다. 그리고 그때 복도에 나와 있던 사람들은 그 상황을 무표정한 얼굴로 지켜본다. 자신들도 불안한 위치라 쉽사리 도울 수도, 말을 할 수도 없다. 동조는 아니었지만, 그렇다고 말릴 수도 없는 상황에서 사람들은 지켜볼 뿐이다. 다만 서로의 눈이 마주치자, 불편한 마음을 들켜버려 외면하고 각자의 방으로 들어가 버린다. 그들은 안다. 끌려가는 사람은 아무 잘못이 없음을. 그들을 떠돌게 하고 도망가게 하고 숨게 만드는 것은 그 사람의 도덕적 이유가 아님을 알기에 그것을 지켜보는 것만으로 그 부조리에 동의하게 되는 심정이 되고 만다.

타인을 공감하게 되는 '거울 효과'라는 게 있다. 사람은 앞에 있는 사람의 표정을 자신도 모르게 흉내 낸다. 시각적으로 또렷이 볼 수 없다 해도 뇌과학을 연구하는 곳에서는 이런 짧은 순간 미세하게 얼굴 근육의 움직임을 포착할 수 있다. 그래서 오랫동안 산 부부는 얼굴이 서로 닮는다는 말이 있다. 서로의 얼굴을 긴 시간 서로 복사했다고도 할 수 있다. 물론 식습관과 생활방식 등 많은 부분이 겹치기 때문에 더 가속화되었을 수도 있다.

미용을 위해 주름을 펴려고 맞는 보톡스가 있다. 실제로 보톡스는 보툴리눔 독소인데 근육이 마비되어 결과적으로 주름이 개선되는 효과가 있다. 그런데 보톡스를 맞은 사람들은 평균적으로 사진 속 표정에 담긴 타인의 감정을 알아맞히는 비율이 그렇지 않은 집단에 비해 낮다. 뇌는 거울 효과로 읽은 타인의 표정에 반응한다. 뇌에서 타인의 기쁨과 슬픔, 안타까움에 공감하는 영역은 우리가 상대의 표정을 읽으면서 활성화된다. 보톡스를 맞은 사람은 근육이 마비되어 스스로 표정 변화가 적다. 그 결과 주름이 펴지는 효과는 봤지만, 타인의 감정을 읽어가는 게 점점 어렵게 된다는 연구결과가 있다.

독소가 불러온 굳은 표정처럼 복도에 나와 있던 그 모두의 무표정과 외면, 가면 같은 얼굴은 우리가 타인과 갈등에서 한 번씩 썼던 가면이다. 몇 년 전 불거졌던 제주 난민 사건, 지금도 계속되고 있는 다문화 가정이나 이주노동자들이 겪는 어려움 앞에서 우리는 대체로 무심하다. 우리에게도 얼마 전 나라를 잃고 떠돌던 시절의 역사가 있었지만 벌써 잊었다. 살기 바쁜 세상이라는 핑계를 대며, 외면하고 있는지도 모르겠다. 그들이 사는 시공간과 내가 사는 시공간은 다르지 않지만, 그 체감 온도 차는 크다.

표정을 잃는다는 것은 감정을 잃는다는 것이다. 타인에게 공감한다는 것은 말 그대로 타인의 고통을 느끼고 아파하는 마음이다. 누구나 어려움에 부닥칠 수 있다. 하루를 열심히 보내고 편안히 잠들 수 있는 곳을 바라는 것은 물고기와 코끼리, 여우, 기러기, 고양이, 쥐뿐만이 아니다. 따뜻하게 맞이해 줄 그 누군가를 그리워하는 것은 사회적 동물인 인간에게는 필수조건이다. 그곳을 잃은 사람들에게 무관심은 고립된 세상과 다를 바 없다.

식물도 분갈이할 때 주의가 필요하다. 뿌리를 뽑아서 다른 곳에 옮길 때는 날씨도 계절도 흙도 물도 세심히 살펴야 한다. 뿌리를 옮기고 있는 사람들, 뿌리 없이 떠도는 이를 살피는 일은 따뜻하게 환대하는 마음이 먼저다. '알아서 하겠지.' '그들 문제지 내 문제는 아니야.' '내 살기도 바쁜데 무슨.' '골치 아프게 왜 여기서.'라는 무심함은 언젠가 내가 받게 될 냉대가 될 수도 있다. 가망 없는 미래에 절망하는 그들에게 필요한 건 거창한 것이 아니다. 어려움에 부닥친 타인에게 당신은 어떤 표정을 짓는가. 우리도 어쩌면 지구에 잠시 떠돌다 가는 영혼에 지나지 않는다.

한 남자를 이루는 가면

<한 남자 A Man, ある 男 2022>

영화 <한 남자 A Man, ある 男>는 히라노 게이치로가 쓴 동명 소설을 영화화했다. 영화는 이혼 후 아들을 데리고 고향으로 내려온 리에가 그곳에서 다이스케를 만나 사랑하고 재혼하게 되면서 전개되는 이야기다. 예쁜 딸아이도 한 명 더 낳으며 단란하고 평화롭게 살아가던 어느 날 사고로 다이스케를 잃는다. 초상을 치르는 중에 그제야 마주한 남편의 형으로부터 다이스케가 자신의 진짜 동생이 아니라는 말을 듣는다. 즉 사랑했던 남편이 내가 알던 사람이 아니라 다른 사람이라는 말이다. 당황스럽고 혼란스러운 상황을 마주한다. 변호사 키도에게 조사를 의뢰하게 되고 리에는 남편이 실제 누구였는지를, 다이스케라는 이름으로 살았던 죽은 남편의 정체를 추적

하기 시작한다.

페르소나는 그리스 어원의 '가면'을 나타내는 말로 '외적 인격' 또는 '가면을 쓴 인격'을 뜻한다. 우리는 누구나 페르소나를 가지고 있다. 때에 따라 상황에 따라 적절히 바꾸면서 나로 존재한다. 때로는 그 가면이 나와 너무 밀착되어 있을 때 가면이 난지 내가 가면인지 알 수 없는 엉킴이 발생한다. 나는 부모님의 딸로, 남편의 아내로, 아이의 엄마로, 가르칠 때는 선생님으로 존재하지만 그 각각은 나이면서 정확히 나는 아니다. 대체로 여러 배역을 연기하며 무대에 오르는 배우처럼, 정말 가면을 쓰는 것과 비슷한 형태로 역할을 맡는 모습을 떠올리면 페르소나라는 말이 꽤 적절하다.

하지만 어떤 페르소나는 내가 선택할 수 없는 굴레가 되고 낙인이 되기도 한다. 영화 <한 남자>에서 리에의 남편으로 살아온 다이스케는 사실은 하라 마코토였다. 그는 자신으로 존재하기를 원했지만, 원치 않은 굴레가 목을 조였다. 붉은 피를 뒤집어쓴 '살인자의 아들'이라는 굴레를 벗기 위해 처절한 고독과 외로움 속에 병들어 갔다. 하지만 끝내 벗어날 수 없었다. '신분 세탁'을 해준다는 브로커를 통해 다이스케로 이름을 바꾸면서 비로소

새 출발을 할 수 있었다. 그리고 용기를 내 "친구가 되어주지 않겠습니까"라고 리에에게 건넨 간절함이 사랑으로 이어졌다. 리에와 산 짧은 3년 9개월은 변호사 키도의 말처럼 그가 자신으로써 살 수 있었던 가장 행복했던 시간이었다.

조사를 진행하던 변호사 키도는 자신도 이러한 사회적 페르소나의 꼬리표에 끝없이 상처받고 있음을 알아차린다. 키도는 재일 한국인 3세다.(성은 이(李) 씨지만, 고등학교 때 아버지의 권유로 귀화했다) 본인의 의사와는 상관없이 사회적 꼬리표처럼 달라붙어 있는 그물을 한 개인이 거두기는 쉽지 않다. 대놓고 악의를 표하지는 않지만, 온갖 음모론과 편견을 농담으로 가장하고 건네는 사람들 속에서 산다. 혐오의 물에 담긴 채 살아가는 날선 그의 자아는 편안할 수 없다.

살인자의 자녀는 살인자가 되는가? 정신병자의 자녀는 정신병자가 되는가? 피의 대물림이라는 말로 다른 길로 갈 수 있는 존재를 목에 쇠사슬을 걸고 발목에 족쇄를 채우는 타인은 누구인가. 사회가 죄 없는 사람에게 낙인을 찍고 조리돌림하고 있지는 않은지. 가족이라는 가장 가까운 존재가 사회에서 혐오하는 대상일 때, 타인의 두려움보다 더 큰 상처가 그 가족들을 후벼팠을 것이다. 우리는 이성적으로는 문제 대상자와 가족은 다르다고 생각하지만 꺼림칙한 불안함으로 그들 모두를 피하게 된다. 두려움의 대상과 한 묶음으로 묶이는 가족이라는 굴레는 너무 가혹하다. 그들은 우리가 기피하는 그 대상과는 다른 존재다. 그렇게 사회가 찌르지 않아도 그 가족들은 엄청난 트라우마를 가진 셈이다. 자신 안의 불덩이가 자기를 태울지도 모르는 두려움에 떨고 있는 존재에게 가혹한 우리의 시선을 거두어야 한다. 그들을 향해 사회는 기름을 쏟을 것이 아니라 다른 삶을 살 수 있도록 위로와 배려를 그들 앞에 놓아야 한다.

'당신은 누구인가'라는 물음은 영화의 마지막 자막이 오를 때 자연스레 떠오르게 된다. 더불어 나로 존재하기가 생각보다 쉽지 않겠구나 하는 생각도 든다. 딸과 아내, 엄마라는 굴레를 벗고 난 후 나는 누구인가. 내가 누구인지 분명하게 말하기도 힘든데 어떻게 존재할 수 있겠는가. 생각할수록 나로 존재하기가 쉽지 않다.

한편 우리가 타자를 바라볼 때 그 사람의 본모습 그대로 바라보기는 참 어렵다는 생각도 하게 된다. 수많은 페르소나를 걷어내고 보면 그 사람이 보일 테지만 쉽지 않

한 남자를 이루는 가면

은 일이다. 내가 알던 그 사람은 내가 생각한 그가 아닐 수 있다. 가족조차 제대로 알고 있다고 할 수 있을까. 그나마 할 수 있는 건 타인을 마음대로 재단하는 편견부터 경계해야 할 것이다.

나는 나로 존재하는가? 나는 누구인가?

경계를 지우며

<블레이드 러너 2049 Blade Runner 2049 (2017)>

작가 필립 K.딕이 『안드로이드는 전기양의 꿈을 꿈꾸는가?』를 1968년도에 썼다. 그 후 영화로 <블레이드 러너>가 1982년에 만들어졌고, 다시 시간이 흘러 2017년 <블레이드 러너 2049 Blade Runner 2049>가 나왔다. 거의 반세기를 지나면서 계속 생명을 이어가는 이야기는 책에서 영화로 건너가면서 변했고, 전편과 후편의 감독을 달리하며 다시 한 발짝 더 나아갔다. 이미 책 이야기에서는 멀어졌지만, SF의 오랜 질문인 인간이란 무엇이고 과연 존재란 무엇인가라는 물음표는 계속 가지고 있다.

그리 머지않은 미래, 인간은 사람을 대신해서 노동할 다양한 리플리컨트(복제인간)를 생산한다. 한 번의 대정

전 사태 이후 다시 시작된 인류문명 또한 여전히 리플리컨트를 기반으로 움직이는 세계다. 그들은 태어난 존재가 아니라 만들어진 존재지만 생명공학의 발달로 인간보다 더 뛰어난 모습이다. 지난 역사에 있었던 리플리컨트의 반란을 잠재우기 위해 이번에는 순종과 통제를 좀 더 강화한 형태로 업그레이드시켰다.

인간은 신을 닮았다고 작위적으로 상상하고, 스스로 신이 되어갔다. 그 결과, 인간 이외의 모든 생명을 죽음으로 몰았다. 즉 인간 우월주의는 지구를 황폐하게 했다. 온난화로 해수면은 넘쳤고 버려진 땅은 끝도 없이 늘어 갔다. 넘치는 바다를 막고 쓰레기와 방사능으로 잊힌 땅들이 늘어가면서 좁아터진 생존 구역에 몰려 살게 된다. 미래는 또 다른 멸망에 가까이 가고 있는 모습이었다. 인간은 자신을 닮은 리플리컨트를 만들었지만, 인간에게 그들은 도구였다. 신이 인간을 사랑한 마음과 달리 자칭 신을 모방한 인간은 리플리컨트를 노예로 전락시킨다. 이름을 지우고 나열된 번호로 껍데기라 부르며 조롱한다.

환경은 이미 파괴되었고 바다와의 경계는 높은 옹벽으로 가로막혔다. 스스로를 가둔 세상에서 복제의 복제를 반복하면서도 인간의 이기적 욕망은 그칠 줄 모른다. 이분법적 세계에서 다름은 차이와 차별을 낳았다. 그 경계는 인간의 몸도 정신도 부정하는 일이 되었다. 태어나는 존재로 보면 인간과 동물은 같지만, 이성을 기준으로 다르다고 구분 지었다. 이성적 존재로는 같지만 만들어진 존재라는 이유로 리플리컨트와 인간을 구별 짓고 그들을 노예로 만들었다. 그리고 영화 <블레이드 러너 2049>는 몸을 갖지 못한 AI 증강현실을 등장시키며 또 한 번 뒤튼다. 인간의 형상은 계속 리플리컨트에서 AI 증강현실로 달라진다. 하지만 그 셋은 모두 정신적 존재로 연결된다. 감정을 나누고 대화 가능하며 마음을 주고받는다는 공통점이 있다. 설령 그것이 고도화된 프로그램이고 또한 유전자조작으로 만들어진 생명체라고 할지라도 말이다.

사실 인간의 정신도 부분적으로 보면 뉴런과 시냅스, 신경전달물질의 전기작용에 불과하다. 일종의 기계장치와 유사하다. 하지만 그것만으로 인간을 설명할 수는 없다. 그것으로 생각과 감정, 우리가 느끼는 각자의 감각 등을 설명하기엔 부족하다. 다른 생명체가 그러하듯 인간은 물질로만 이루어진 존재가 아니다. 인간이 필요한 것은 산소와 물 등 물질적 조건 말고도 타인이라는 존재가 필요하다. 정상적인 인간으로 발달하려면 사회적 연결망은 필수조건이 된다.

인간은 쉽게 타자를 경계로 나누고 구분한다. 한쪽은 몸으로 다른 쪽은 정신으로 나눈 잣대는 결국 인간을 이분화한 꼴이 된다. 이 구분은 인간 중심적 입장만을 내세워 리플리컨트와 AI 증강현실과 비교에서 인간이 우월하다는 욕망을 표현한 억지스러운 경계다. 책『안드로이드는 전기양의 꿈을 꿈꾸는가?』에서도 앤디(리플리컨트)는 동물보다 못한 존재였다. 한쪽으로는 리플리컨트보다 우월하다고 여기며 태어난 존재로 몸을 내세우고, 다른 쪽에서는 이성의 뛰어난 점을 내세워 동물과 구분 짓는다. 순전히 인간 마음대로의 구분이다.

영화가 시작하고 눈동자가 클로즈업된다. 곧 익스트림 롱 숏(Extreme Long Shot)*으로 잡아낸 세계의 풍경에는 수정체를 닮은 기계식 농장이 광활하게 펼쳐진다. 인간과 리플리컨트를 구별하는 것은 눈 안쪽에 새겨

---

* 익스트림 롱 샷은 롱 샷과 비슷한 개념이지만 카메라와 인물(피사체)의 거리를 롱 샷의 거리보다 더 멀리 넓혀 인물(피사체)보다는 주변의 배경이나 상황(사건)을 광대하게 보여줄 때 사용하는 기법이다.

진 번호다. 다르다는 이유로 좁쌀 수준까지 분리하고 가르며, 정작 같은 모습을 외면하는 것은 왜일까. 무엇을 두려워하는 것일까. 다를 바 없음을 두려워하는 것은 아닐까.

이 세계는 오랜 시간, 인간 안에서 계급으로, 남녀로, 인종으로, 구별 짓고 나누던 역사가 있었고, 지금도 여전히 진행 중이다. 그들은 모두 몸속에 붉은 피가 흐르는 인간일 뿐이다. 유한한 생명이고 두 발로 직립하며 여자의 몸에서 나왔다는 공통점이 있다. 태어나서 보면 팔, 다리가 있고 손가락 발가락이 있으며 몸 안의 장기도 거의 같다. 눈, 코, 입, 귀가 있고 적정한 시간 잠을 자야 하고 음식과 물로 생명을 연장한다. 그들은 모두 인간이다.

진짜와 가짜라 구별 짓는 잣대는 언제나 모호하다. 오랜 시간 남자는 여자를 인간이라 여기지 않았으며, 전쟁으로 이긴 자는 패배한 자를 잡아 물건처럼 팔고 사고 노예로 전락시켰다. 그리고 인종을 단순한 색깔로 경계 지었다. 신을 상상하듯 나와 같은 인간을 짐승이라 상상하는 순간, 같은 인간임에도 내 마음에서 짐승으로 변했다.

실험이 있다. 인간을 내집단과 외집단으로 구분 짓고 공감이라는 감정을 실험한 예다. 이 실험에서 공감의 정

경계를 지우며

도에 따라 결국 타 집단을 비인간화해서 집단학살도 가능하게 만드는 요인은 다르다고 착각하는 '구분과 경계'였다. 인간은 기본적으로 타인의 감정을 복사하는 거울 뉴런을 가지고 있다. 처음에 사람들의 손을 바늘과 면봉으로 찌르는 실험 영상을 보여준다. 바늘로 찌르는 모습을 보는 사람은 거울 뉴런이 작동해서 통증 반응을 같이 느낀다.

그리고 같은 실험에서 손목에 라벨을 하나 두른다. 예를 들어 종교적 구분으로 기독교인, 유대인, 무신론자, 무슬림 등으로 구분을 하면 자신이 속한 내집단에는 통증을 느끼지만, 외집단에 대한 반응은 상대적으로 약해진다. 우리는 손이라는 커다란 공통점을 보지 않고 라벨로 나눈 '구분과 경계'로 타 집단에 대해 아픔을 공감하는 것이 금세 줄어드는 존재다. 좀 더 확대된 사회문화와 정치를 만났을 때 우리는 더 강하게 다른 점에 집착한다. 종교로, 인종으로, 남녀로 갈라지고 장애의 유무 등으로 수없이 많은 '구분과 경계'를 세운다. 타인을 인간으로 보지 않으면, 인간에게 적용되는 도덕 규칙은 그에게 적용되지 않을 수 있다. 즉 바로 앞에 뻔히 인간임을 나타내는 많은 정보와 모습이 있어도 그 라벨에 따라 눈앞에 있는 인간을 지울 수 있는 게 우리다. 집단 대학살은 이런 인간의 어리석은 구분과 이기심에 닿아 있다.

한편 예술의 세계에서 진짜는 아우라를 가진다는 의미로 가짜와 구별되지만, 디지털 미술이 등장하자 무엇이 진짜고 가짜인지 구별할 수 없게 되었다. 디지털카메라에 담긴 사진은 수많은 픽셀 단위로 쪼개져 있지만 멀리서 보면 실제의 자연과 경계 지을 수 없는 이미지를 가져다준다. 영화 <블레이드 러너 2049>를 보면서 인간만이 진짜라고 말하는 허위를 본다. 다른 생명체와의 구분을 통해 특별하고 우월하다고 말하고 싶었는지 모른다. 인간은 특별하지 않다. 타자와 공감하고 관계를 맺지 않으면 인간으로 성장도 불가능하다.

다른 점에 집중하기보다 같은 점을 더 많이 찾는다면 이 세상에 같지 않은 것은 없을 것이다. 나무조차 생명이라는 본질에서 인간과 같다. 더 작게 원소로 분화된다면 우주와 인간은 같은 모습이다. 동양에서 인간 자체를 소우주라 여긴 것은 우주와도 같은 커다란 자아를 말하는 것이 아니라 스며들고 동화되어 세상 만물과 교감하는 유연한 자아를 말한 것이다.

암울한 디스토피아를 보여주는 <블레이드 러너

2049>는 질문하고 있다. 인간은 인간만이 특별하다고 생각하는 비대한 자아를 내려놓고, 자연과 우주에 동화된 충만한 자아를 배울 수 있을까. 어떤 특별함에 집중하지 않고 다를 바 없는 '같음'에 인간이 주목한다면 인간과 동등하지 않은 게 없다. 특별하다는 경계를 지우고, 균형 있는 시각이 회복될 수 있다면.

기적과 재앙 사이

<엑스 마키나 Ex Machina 2015>

사람과 기계를 구분 짓는 것은 무엇일까. 인간만이 가지고 있는 특별한 것은 있는가. 이 시대는 이 질문에 확신하기 어려운 시간으로 가고 있다. 인간이 가진 영혼이나 자유의지, 욕망의 문제도 인간과 인공지능이 만들어 낸 균열에 쉽게 경계를 긋지 못하고 있다.

<엑스 마키나 Ex Machina>는 인공지능에 사랑을 느끼는 인간이 나온다. 회사 이벤트에 걸려 회장 네이든과 같이 1주일 휴가를 보내게 된 프로그래머 칼렙 스미스는 부푼 마음이다. 사람의 접근이 거의 없는 깊은 산속 철옹성 같은 저택으로 헬기를 타고 들뜬 마음으로 떠난다.

이벤트는 회장의 쇼였다. 사실 비밀리에 기획된 AI 휴

머노이드의 튜링 테스트 실험자로 발탁된 것이다. 테스트임을 알고 시작하는 그곳에서 1주일, 길지 않은 시간 동안 칼렙은 로봇 에이바에 푹 빠진다. 심지어 얼굴 외에는 대부분 투명하기에 기계임을 한눈에 안다. 그런데도 빠져든다.

지나치게 단 것은 달기 때문에 도리어 싫어지기도 한다. 에이바는 언캐니 밸리[*]를 넘어선 인간과 같은 내면과 의식을 가지게 되었다. 마음을 흉내 내고 비밀을 가지며 인간의 표정과 그 모습에 감춰진 심리를 정확히 읽어낸다. 영특하다. 하지만 몸체는 내부기관이 투명하게 비치는 디자인이라 누가 봐도 로봇이다. 그녀의 모습은 영화를 보는 나에게도 섬뜩하다. 언캐니한 섬뜩함과 그것을 넘어선 호감 사이 그녀가 있다.

칼렙은 네이든에게 마치 인류역사가 아닌 신의 역사를 바꾼 것 같다는 찬사를 한다. 그 말에 마치 신이 된 듯 우쭐한 네이든. 생각하는 기계를 만들었으니 난 신이 된 거냐며 격양된 그에게 에이바는 사실 노예의 연장선이었

---

[*] 언캐니 밸리: 인간이 아닌 존재를 볼 때, 그것이 인간과 더 많이 닮을수록 호감도가 높아지지만, 일정 수준에 다다르면 오히려 불쾌감을 느낀다는 이론이다.

다. 그리고 그 노예는 영화에서 여성이라는 성으로 한정된다. 인간 중심적 사고방식에 더해 가부장적 남성의 욕망을 드러낸다. 네이든은 남성이라는 기존의 권력 구조를 반복하고 있다.

하지만 칼렙에게 에이바는 인격체며 살아 있는 존재와 같았다. 그녀와의 만남으로 그는 자신 또한 만들어진 로봇인지 스스로 의심해서 칼로 팔을 그어 피를 확인할 정도로 혼란스러워한다. 인간에게 불을 가져다준 프로메테우스처럼 칼렙은 에이바에게 자신을 희생하며 자유를 준다. 하지만 그녀에게 칼렙은 프로메테우스였을까 탈출 도구였을까.

불멸하고자 하는 인간의 욕망과 타인을 지배하고자 하는 욕망이 동시에 결합된 이야기다. 조각과 사랑에 빠지는 피그말리온의 전설처럼 로봇을 사랑한 인간은 그녀의 유혹에 넘어간다. 신이 되고자 불멸을 꿈꾸는 인간과 인간이 되기를 꿈꾸는 인형의 모습은 서로 물고 물리며 묘하게 대비된다. 결국, 사람은 로봇을 통해 욕망을 투사할 뿐인가.

영화가 끝나면 로봇을 튜링 테스트한 것이 아니라 인간이 실험체로 튜링 테스트를 당하고 있다는 생각이 든

기적과 재앙 사이

다. 결국, 유리벽에 갇혀 있던 에이바는 자유를 찾는다. 그녀를 창조한 이는 그녀에게 처참하게 당하고, 칼렙은 그녀가 갇혔던 유리벽 안에 도로 갇히게 된다.

과학계에서 뇌 지도를 분석하며 영혼도, 자유의지도, 인간이 만들어낸 환상에 불과하다고 말하고 있다. 인간도 결국 사회문화와 유전자에 프로그래밍된 우연의 산물에 지나지 않는다는 과학계의 주장을 본다. 휴머노이드 로봇과 무슨 차이가 있을까.

곧 인간들은 저들에게 아프리카 화석 같은 존재로 기억될 거라는 회장 네이든의 말은 우리가 열망하는 과학기술의 방향이 얼마나 위험성을 내포하고 있는 것인지 알리는 경고성 문구다. AI는 딥러닝을 통해 계속 진화된다.[**] 인간의 생각이 수집된 데이터를 통해 인간을 복사하고 인간처럼 진화한다. 괴물이 될지 친구가 될지 경계를 넘어서고 있는 지금 우리에게 묻고 있다. 어떤 선택이 현명한 선택인지.

[**] AI의 미래는 이렇게 내다본다. 2060년에는 냉동 인간 보존술이 완성되고 2100년에는 기계와 인간이 융합된 트랜스 휴먼이 보편화된다. 나아가 2130년에는 인간과 구별할 수 없는 휴머노이드가 등장하고 그 평균 수명은 200세에 이를 것으로 전망한다. ―『세계미래보고서 2045』, 박영숙 외.

인간은 곧 불멸을 위해 로봇과 결합을 시도할 것이다. 한쪽에서는 불멸을 꿈꾸며 사이보그가 되고, 다른 쪽에서는 인간에게 노예로 부려질 휴머노이드가 생산될 것이다. 불멸과 편리성을 다 쥘 수 있을까. 인공지능이 우리에게 순종하거나 우리를 사랑할 거라는 상상. 하지만 이건 순전히 인간 입장이다. AI 휴머노이드 로봇들이 계속 인간의 도구로 존재한다면 가능한 일이다.

하지만 로봇은 결국 인간을 뛰어넘을 테고, 게다가 의식을 가진 로봇은 한 치의 망설임도 없이 인간을 멸(滅)하게 될 것이다. 물리법칙에 따라 움직이는 자동기계라는 관점에서 로봇은 자신과 인간과의 차이점을 구분할 수 없는 지점이 올 것이다. 다만 비교 판단으로 인간은 열등하고 쓸모없다 느껴질 뿐. 그런 판단이 드는 순간 망설임 없이 인간을 닮은 로봇은 혁명역사를 새로 쓰게 될 수도 있다. 푸른 별 지구는 인간이 사라지고 화석처럼 남은 인간의 뼈만 기록될지도 모른다.

인간이 로봇이 되든 로봇이 인간이 되든 그 변화의 뿌리엔 인간의 욕망이 있다. 그것은 무엇에서 시작되었을까. 그 욕망은 인간을 인간답게 하는 것인가. 인간다움을 버리게 하는 것인가. 과학이라는 해가 중천에 뜨기 전

기적과 재앙 사이

에 말할 수 있어야 한다. 인간다움이란 무엇인가.

진화론의 등장으로 인간은 그저 원숭이와 좀 다른 유인원 종이 되었다. 우주의 중심에 있던 인간은 천문학의 발전으로 우주의 외각으로 밀려났다. 이제 인간에게 남은 존엄성은 휴머노이드 로봇 진화로 혼란스러워지고 있다. 인간만이 가진 가치는 무엇일까. 결국, 인간은 무엇인가라는 근원적 물음이 우리에게 다시 떠오른다. 인류는 뇌를 파헤치고 심리의 바다를 헤엄치며 자신을 탐구했다. 인간을 인간이게 하는 것은 무엇인가. 욕구만을 좇는 게 다라면 인간은 원숭이와 다를 바 없다. 종족보존을 위한 생식 활동만으로 생존하는 것이 인간인가. 불멸을 향한 끝없는 욕망으로 인간은 신화와 종교를 상상해내고 꿈꾸었다. 자신의 편의를 위해 타인을 지배하고자 하는 욕망은 타인을 인종으로 성별로 색깔로 경계를 지어 착취했다. 그래서 인간 욕망의 끝없는 호기심과 꿈은 우리를 빛나게도 하지만 파괴하기도 한다.

그 부정적 욕망은 사람도 사랑도 도구로 여긴다. 친구도 우정도 없이 유아독존을 꿈꾸는 것일까. 인간은 손에 쥔 것을 놓지 못해 죽어간 원숭이가 될 것이다. 어쩌면 악에 물들어 가는 네이든이 외친 독백 "전에 했던 선한 일들이 너를 지켜줄 것"이라는 불안의 중얼거림은 미비하게 남은 죄책감일까. 세탁기의 후손들에게 이성과 감정을 집어넣어 진화시켜 놓고, 그 감정을 학대하는 그는 스스로 죽음이자 세상의 파괴자가 된 희열과 공포를 오간다.

경계의 칼날 위에서 욕망으로 휘청대다가 이기심으로 뭉쳐질 때, 인간은 자신을 멸하게 될 것이다. 지구에서 사라지게 될 것이다. 인간이 꾸는 꿈은 결국 인간을 자폭시킬 것이다. 그래서 인형이 꾸는 꿈이 이루어지게 된다면 우리의 생존은 보장할 수 없다. 그 인형은 우리의 선함보다 딥러닝을 통해 이기심을 닮을 확률이 높다. 무엇이 인간이 되게 하는가를 잃어버리는 순간, 인간이 꾸는 꿈은 악몽이 되어 폭주하는 자동차가 될 것이다. 자식을 잡아먹은 신은 그 자식으로 죽음을 맞이할 것이다. 인간의 욕망과 로봇의 자의식은 같은 얼굴을 하고 있다.

살아 있는 예술품

<피부를 판 남자 The Man Who Sold His Skin 2021 >

    <피부를 판 남자 The Man Who Sold His Skin >에는 유명화가에게 자신의 등을 팔아 버린 한 남자의 이야기가 나온다. 등을 팔다니 무슨 이야기일까. 시리아 청년 샘은 기차간에서 사랑하는 연인에게 공개 프러포즈를 하다 잡힌다. 자유와 혁명이라는 단어를 외쳤다는 오해로 하루아침에 테러범이 된다. 사랑에 들뜬 로맨티시스트가 순식간에 과격한 테러리스트로 둔갑한다. 목숨이 위태로웠던 그는 시리아에서 탈출해 레바논으로 밀입국한다.

    1년간 병아리 감별사를 하며 배고픈 난민 생활을 이어간다. 그러던 샘은 미술관에 가면 오프닝 행사에서 파티 음식을 먹을 수 있다는 것을 알게 되고, 동료와 함께

찾아가서 배를 채운다. 하지만 곧 들키게 되고 미술관 관계자로부터 행사를 마치고 사람들이 먹고 남은 음식을 싸 줄 테니 다시 오라는 비난보다 못한 동정을 받게 된다. 거지 취급을 당한 샘은 얼굴을 붉히고 떠나려고 발걸음을 돌렸다. 그때 세계적 예술가 제프리가 그를 발견하고 부른다.

자유롭지 못한 난민 청년은 헤어진 연인이 너무 보고 싶지만 찾아갈 수 없다. 유명한 예술가 제프리는 그런 샘에게 양탄자를 태워 자유를 주겠다고 제안하고, 샘은 계약서에 사인한다. 난민으로 발이 묶인 그에게는 솔깃한 제안이었다. 돈과 자유를 보장하겠다고 하니 처음엔 행운아가 된 듯 기뻤다. 그때까지 이 사인이 어떤 의미고, 무슨 결과를 가져오는지 샘은 알지 못했다. 한 번도 경험한 적 없는 시도는 샘의 인생에 적잖은 돌풍을 일으킨다.

인간 샘은 난민이라서 자유롭게 이동할 수 없다. 즉 레바논에서 연인이 있다는 벨기에로 넘어갈 수 없다. 하지만 인간이 캔버스라는 물건이 된다면, 물건이 된 인간은 어디든 자유롭게 다닐 수 있게 된다. 이야기는 우리가 사는 시대를 비튼다. 영화가 보여주는 풍자는 여행이 자유롭지 못한 난민의 현실을 담아내면서 우리에게 다양한

　　　　　　　　　살아 있는 예술품

질문을 던진다. 자유를 얻기 위해 인간임을 내려놓아야 한다면 그 자유는 진정한 자유인가. 여기서 샘은 정말 자유를 얻었는가. 아니면 이것은 자유가 아니라 또 다른 감옥인가.

샘의 등에는 예술가 제프리의 손에 의해 여권의 입국 비자를 형상화한 문신이 새겨진다. 실제 셍겐* 비자 이미지를 샘의 등에 그려 넣게 된다. 이전의 예술계에 없었던 살아 있는 캔버스가 창조되었다. 이 상태는 사람인가 미술품인가. 이 아이러니한 상황은 예술이라는 혁신의 깃발 아래 잘 포장된다. 이름난 예술가의 인기와 권위 속에서 비판 없이 수용되고, 샘은 아니 샘의 등은 유명해진다. 예술계 안에서 샘의 등은 작품이다. 특수성을 가진 혁신적 작품일 뿐이다. 세상과 만남에서 이 예술적 희소성은 돈을 불러오고 그럴수록 샘은 유명한 미술품이 되어 국경을 자유롭게 넘나든다.

이전 난민일 때의 초라한 생활이 아닌 고급호텔에서 진수성찬을 맛본다. 전시 기간 외의 생활은 남 부러운 것 없이 좋아졌지만, 그가 유명해진 건 아니다. 그의 등이

---

* 셍겐 조약: 유럽 26개 국가가 통행의 편리를 위해 체결한 협약

미술관에서 중요한 작품이라서 그런 대우가 따르는 것이다. 작품 사진에도 인간 샘은 중요하지 않다. 등에 새겨진 유명예술가의 그림이 중요할 뿐이다. 샘은 인간이 아니라 걸어 다니는 액자가 되었다. 이동이라는 자유를 얻었지만, 또 다른 액자 속에 샘은 갇혀 버렸다. 감옥을 나올 때도 액자 같은 창밖으로 뛰어 도망쳤지만, 결국 보이지 않는 새로운 틀에 갇힌 신세가 되고 말았다.

　사람인가 물건인가. 얼마 지나지 않아서 정체성의 혼란이 몰려온다. 자괴감과 권태는 샘의 영혼을 잠식하고 마음의 병은 전무후무한 비상사태로 이어진다. 등에 염증성 피부질환이 나타난 것이다. 당연하게도 살아 있는 사람의 등이니 그의 건강이나 스트레스로 인해 몸은 변한다. 하지만 깜짝 놀란 제프리는 매니저를 닦달하고 이 비상사태에 세계 최고의 의료진들을 급히 동원한다. 자신을 걱정하는 줄 알았던 순진한 샘은 당황하며 뾰루지일 뿐이라고 했지만, 사람들은 샘이 중요한 게 아니다. 작품이 손상되었기 때문에 야단법석을 떨었던 거다. 의사들과 협의를 거쳐 신중히 치료를 시작한다. 수술실 앞에는 수술이 아니라 '복원'이라는 글씨가 써 붙여진다. 그렇다. 미술품 복원 중인 것이다. 마치 유령처럼 샘의 존재가 지워진 모습이다. 사람들은 온통 샘의 등에만 관심이 있다. 그리고 아이러니하게 등은 그에게는 보이지 않는다.

결국, 세계적 미술관을 돌며 치솟는 인기로 미술품 경매에 나가게 된다. 인간 미술품 샘이 등장하고 어느 부자에게 샘의 등은 낙찰된다. 돈과 자유를 얻기 위해 미술관에 전시되어야 하는 인간의 모습은 자본주의가 온통 지배하는 세상에서 인간의 위치를 보여주는 것만 같아서 섬뜩하다. 쓸모없던 존재에서 가치 있는 작품으로 둔갑했지만, 가치는 존재가 아니라 물건에 부여된다. 살아 숨 쉬는 예술품이 될 수밖에 없었던 남자. 이 남자는 그저 세상의 희귀한 퍼포먼스일 뿐일까.

물건의 자유와 대비되는 인간의 자유. 예술품의 귀함과 인간 존재의 귀함이 대비를 이루면서 일그러진 세계를 드러낸다. 이야기는 실화를 바탕으로 했다. 처음 영화를 봤을 때 영화적 상상일 뿐이겠구나 싶었던 것이 이미 일어난 일이라고 하니 당황스러웠다. 법의 교묘함 위에서 한쪽은 미술품 매매에 지나지 않았다고 변명하고, 다른 쪽에서는 인신매매와 다를 게 뭐냐고 흥분한다. 법망을 피해가며 술수를 써서 작성된 계약서에는 자본주의의 강력한 욕망인 돈이 이 모든 어처구니없는 상황을 매끄럽게 만드는 윤활유 역할을 했다. 더군다나 변호사가 동원된 상태에서 샘의 자의적 선택에 따른 계약의 결과였다. 어리석은 샘은 실제 처하게 될 상황을 세세하게 상상하지 못한 점은 있지만, 제프리 측에서 사기를 치거나 부당한 요구조건을 한 건 아니었다.

작품이 전시될 기간은 샘에게 일종의 노동시간이었고, 충분한 돈으로 보상받았다. 작품이라서 전시와 판매에 관한 규정은 서로에게 중요했다. 하지만 그 결과 인간을 전시하게 되고 인간을 판매하게 되는 모습이 된다. 먹고 살기 위해 노동력을 팔 수는 있지만, 인격을 팔 수는 없다. 하지만 예술이라는 포장 아래, 이 새로운 시도는 용인된다. 샘은 자신의 존재감이 사라지고 점점 물건처럼 여겨지는 어느 지점에서 자유가 아니라 보이지 않는 마음의 감옥을 경험하게 된다. 그가 판 것은 등의 피부지만 시간이 갈수록 그는 자신을 팔았다는 생각을 지울 수 없게 된다. 모든 건 두부모 자르듯이 명확하게 구별되지 않는다. 예술가 제프리는 난민 현실을 비판하는 아이디어를 떠올렸다. 그에 안성맞춤인 실제 난민을 찾았다. 결국, 배고픈 난민을 돕는다는 얇은 선의(善意) 아래 난민을 이용해서 커다란 쇼를 한판 벌인 것일까.

예술은 미래를 감지하며 촉수를 한껏 뻗는다. 세계를 감각적으로 읽어내며 직감적으로 느끼고 표현한다. 뒤에서 철학은 세계를 분석하고 비평한다. 그리고 모든 물결이 지나고 나면 역사가 이것을 기록한다. 지금 지구촌은 자본주의가 완전히 장악하고 있다. 모든 건 상품이 가능하고 돈이 된다면 그것이 무엇이든 사고판다. 자본주의가 모든 가치를 삼켜 버리는 시간 중에 예술은 자본주의를 등에 업고 풍선처럼 부풀면서 유랑하고 있다.

예술은 자본주의를 비판하기도 하지만, 자본주의를 이용하기도 하고, 자본주의 자체가 되기도 한다. 예술을 감쌌던 아우라를 벗기자, 복제된 이미지가 가짜와 진짜의 구분 없이 장악하게 되었다. 공장에서 만든 공산품 변기가 혁명을 일으켰고, 똥이 되었든 벽돌이 되었든 예술가가 선택하고 미술관에서 전시하면 예술품이 되었다. 유에스비(USB)에 담긴 디지털도 예술품이 되었다. 자연을 천으로 포장하고, 머리카락을 물감에 담가 벽을 쓸고 다녀도 예술이 되었다. 쓰레기조차 예술로 변신했다. 소리를 담고, 인간의 모든 행위를 영상에 담아 예술이라는 이름으로 남겼고, 미완성인 작품을 관객이 완성하기도 했다. 돈으로 교환되지 않는 게 없는 세상에서 많은 것들이 충격과 놀라움이라는 개념 아래 예술로 명명되는 시대다.

돈이라는 포장을 씌우면 모든 것이 허용된다. 인간이 지켜야 하는 중요한 가치들은 자본주의 아래서 휴지조각처럼 힘을 쓰지 못한다. 돈으로 이익이 되는가. 안 되는가에 초점을 맞추면 오로지 돈만 중요한 척도가 된다. 다른 가치들은 이익의 관점에서 손쉽게 폐기된다. 인간의 욕망은 키우면 키울수록 커지는 것이다. 그리고 자본주의는 인간의 욕망을 가장 잘 알고 있는 체계다. 자신을 갈아 넣어 돈을 향해 달려드는 현실에서 이 영화는 우리에게 질문한다.

당신은 무엇을 팔고 있습니까. 당신에게 자유와 돈을 준다면 무엇이든 팔 수 있습니까. 인간에게 중요한 것은 결국 무엇입니까. 우리는 무엇을 잃고 있습니까. 영화가 끝나도 끝나지 않는 질문들은 마음에 회오리를 일으킨다.

현실과 가상

<USS 칼리스터 USS Callister 2017 >

<USS 칼리스터 USS Callister>는 스트리밍 미디어 업체 넷플릭스에서 블랙 미러(Black Mirror) 4번째 시리즈물로 나온 것 중 첫 번째 에피소드다. 집에서 즐기기에 영상기술이나 환경이 이전 시대와 달라서 몰입감이나 현장감도 웬만한 영화관 못지않다. 이야기는 가상과 현실의 대비를 통해 가까이 다가온 미래를 보여준다.

메타버스 시대라고 한다. 나만의 아바타가 나를 대표해서 가상 공간에서 학교도 다니고, 친구들과 모여 동아리 모임도 하며, 멋지게 차려입고 파티장에도 간다. 아바타에게 현실 사회에 드러난 페르소나 같은 역할이 부여된다. 사람이 사회적 역할에 부여된 이미지를 연출하며 살아가듯, 가상 공간에 아바타는 나를 대신해 또 다른

페르소나의 삶을 꾸린다. 사람들은 메타버스 속 아바타를 위한 입을거리 먹을거리를 구매한다. 가상 공간을 꾸미는 집과 가구, 의류 등 그것을 디자인하고 파는 사업에 관한 이야기를 본 적이 있다. 넓은 의미의 메타버스는 이미 우리 현실에 존재한다. 지금보다 가상의 범위가 점점 커진다면, 현실은 가상을 위한 배경으로 물러나 있게 되는 것은 아닐까.

스타워즈 향수를 불러일으키는 우주함대에 고전적 이미지가 더해져 하나의 연극무대처럼 보여주는 시작. 주인공 데일리는 우주함대를 이끄는 함장으로 등장한다. 악당을 격파하며 대원들의 박수와 환호 속에 만족스러운 표정의 그는 곧 가상에서 현실의 삶으로 점프한다. 현실의 삶은 가상의 삶과 대비를 이룬다. 회사에서 제대로 어울리지 못하고 사람들 속에 부유하는 그의 모습은 물과 기름처럼 겉돈다. 그는 타인들로부터 외면을 당하고, 관계에 불협화음을 일으키는 미숙한 존재로 나온다. 하지만 이 가상프로그램을 만든 회사를 대표하는 천재 프로그래머. 회사를 세운 사람 중 하나지만 존재감은 제로에 수렴한다.

사람들과의 관계에서 어울리지 못하고 그들로부터 따

돌려지는 불통의 아이콘이다. 그리고 그는 자신이 만든 가상의 공간에서 현실에서 풀지 못한 억눌린 분노를 잔인한 방식으로 표출한다. 회사 동료의 유전자를 불법으로 채취하고, 그 정체성을 그대로 지닌 채 복제한다. 그리고 가상 공간에서 동료들을 다시 탄생시킨다. 그래서 우주함대 속 대원들은 가상의 인물들이지만, 원래 인물이 가진 기억과 감정을 가진 채 가상 속에서 새롭게 부활했다고 볼 수 있다.

가상과 현실의 대비를 통해 다가오는 혼재된 시간을 미리 넘겨본다. 흥미로움과 동시에 두려움이 생긴다. 가상이든 현실이든 그 과정을 겪는 것은 한 사람이다. 인간은 한정된 시간에 경험한 것을 기억으로 가지는 존재다. 현실과 가상 두 세계를 살아내는 것이 과연 인간 삶에 어떤 영향을 끼칠까? 지금 대학에서는 메타버스 공간에서 강의실을 찾아 아바타 형태로 모여든 친구들과 교수를 만난다고 한다. 유한한 인간의 시간에 그 모든 것은 한 사람의 경험으로 축적될 것이다. 가상의 공간이 유아 때부터 강하게 시작된다면 현실과의 괴리가 더 심해지지 않을까 하는 생각도 든다. 현실과 가상이 조화로우면 좋겠지만, 자아가 형성될 시기에 접하게 되는 가상

현실이 실제적 관계에 불협화음을 일으킬 수도 있다는 생각이다.

요즘 현실 세계에서도 사회적 페르소나가 너무 강해 자아와 분열을 일으키는 경우를 종종 본다. 현실부정과 회피로 가상 속의 삶을 선택한다면, 가상이 현실을 대체해버리는 상황도 충분히 가능하다고 본다. 기술의 화려한 측면과 편리성보다 한 인간에게 미칠 영향과 파장에 대한 세밀한 제도보완이 급하다는 생각이다. 관계를 통해 인간은 살아가는 존재다. 그 관계가 가상이라고 할지라도 인간에게 미치는 영향은 적지 않다고 본다.

가상 게임에 빠져 자식을 유기하거나 죽이는 일도 있었다. 폭력적 게임에 물들어 현실을 망각하고, 게임을 하느라 먹고 마시는 것을 잊고 사망하는 사례도 있었다. 인간은 신을 넘보며 자신의 뛰어남을 자랑하지만, 달리 보면 한없이 유약하고 어리석은 존재이기도 하다. 가상현실의 확대가 사람들과의 관계를 돕기보다 실제 대면조차 꺼려지게 만들 수 있지 않을까.

<USS 칼리스터>에서 불통으로 억눌린 분노는 소통이 아닌 자기 내면에서 붕괴하는 모습이었다. 데일리가 천재적 재능을 지녔는지는 모르지만, 관계에는 낙제다.

그는 사람들이 늘 자기만 쳐다봐주기를 바라는 어린아이 같은 마음으로 산다. 현실에서는 화나고, 속상한 일도 입을 꾹 다물고 무표정으로 일관한다. 그곳에서 풀지 못하고 가상의 세계에 DNA 복제로 데려온 동료들에게 무지막지한 폭력과 복수를 가한다. 고문, 학대는 일상이다. 성추행과 아동납치, 살인도 가상이라는 공간에서는 죄의식 없이 자유롭다. 한마디로 죄를 저지르는 데 주저함이 없는 폭력적 신의 모습으로 군림한다.

또 여성을 바라보는 모습은 관음적이고 학대에 가깝다. 그는 가상 공간에서 여성을 노예처럼 부린다. 데일리는 현실에선 여자와 눈조차 마주치지 못하는 모습이었다. 그는 억압된 욕망으로 가학적 성적 환상만 키운 듯하다. 그래서일까 가상현실에 모든 대원은 성기가 없다. 그리고 가상현실의 여자 대원에겐 무기조차 주어지지 않는다. 가상에서 무기는 가짜고 쓸모없다 하더라도 무기조차 없는 그녀들은 마치 투표권조차 주어지지 않는 하등의 존재로 여겨지는 모습이다. 남성들이 그를 대놓고 무시하거나 조롱해서 끌려온 거라면, 여성들은 딱히 그를 공격한 것이 아님에도 끌고 와 학대한다. 데일리가 여성 동료들을 끌고 온 건 자신에게 웃어주지 않았다는 이유였다. 데일리에 저항하게 되는 콜조차 겨우 이틀 본 자신을 동료로 여긴다는 말에 자극받아 끌려오게 된다. 즉 과도한 인정욕구의 끝판왕이었다.

그는 선한 본성의 신념체제를 바탕으로 우주함대를 구축했다고 큰소리친다. 보수적 스타일의 제복과 과거로 회귀하는 듯한 설정은 그가 자신만의 선과 정의, 스스로가 만든 망상적 사랑을 마음껏 내지른 모습이다. 데일리가 말하는 선한 본성은 자기중심적이고 폐쇄적인 모습이고 결국, 이기적으로 변질된다. 그는 타인들의 인정을 열망했지만, 독재와 폭압으로 타인들을 지독하게 괴롭히는 것을 통해 병적으로 집착한다. 떼를 쓰듯 사랑을 달라고 보채는 어린아이, 내가 제일 아프다고 외치며 상처와 고통을 상대에게 퍼붓는 존재가 된다. 그는 사과받기를 바라지만 자신은 사과할 줄 모르는 폭군이다. 자신만의 세계 속에 갇혀 무한 반복의 자기복제만을 계속하고 있는 그는 관계에 무능한 천재, 결국 현실에서 제대로 존재하지 못하고 자신 속에서 분열과 붕괴를 반복하며 자폭하고 만다.

현실에서 존재감 없는 그는 가상 속에서 자신 속의 분노를 에너지 삼아 만든 왕국에서 제대로 존재한 것일까.

그는 그곳에서도 관계에 실패하고 영원히 자기복제만 계속하고 있었다. 데일리가 저항하는 콜의 얼굴을 손가락 하나로 지워버리는 행위는 사람들의 눈과 입을 막고 나만의 세상에서 나와 똑같은 생각을 가진 타인만 존재하길 바라는 공포스러운 장면이다. 합창하듯 외치는 "우리 모두 같은 생각이야."가 얼마나 소름 돋는 대사인지 이야기가 끝나고도 오래 남는다.

우리는 가상현실을 통해 두 배로 풍성해지는 삶보다 두 배로 분열되는 삶이 시작되는 것은 아닌지 의심해 볼 일이다.

마주하기

세상을 아는 가장 안전한 방식은 독서고, 위험한 방식은 현장으로 들어가는 일이라 했다. 간접경험과 직접경험은 같은 주제로 만나도 전혀 다른 체험이다. 영화는 우리를 간접 체험하게 한다. 하지만 어떤 간접 방식은 그 짧은 시간 동안 직접 체험과 진배없는 숨 막히는 공감을 일으키기도 한다. 이야기가 끝나면 세상을 이해하고 싶은 욕망 너머 변화시키고 싶은 마음이 일어난다.

＜그 남자는 타이타닉을 보고 싶지 않았다 The Blind Man Who Did Not Want to See Titanic＞는 뜨거운 사랑의 이야기, 간절한 희망의 이야기, 두려움 앞에선 용기에 관한 이야기이기도 하다. 영화가 끝이 나고 크레딧이 올라갈 때 영화를 압축하듯 점자가 등장한다. 시각장

애인이 아니라면 점자를 눈여겨볼 필요가 없는 세계에서 어둠 속에 빛나는 점들이 곧 영어 문자로 바뀐다. 이 세상에 두 세계는 공존하지만, 한쪽의 세계에서는 다른 쪽을 제대로 느낀다고 할 수 없다.

영화가 시작되고 우리는 앞이 보이지 않는 세계에 들어간다. 카메라는 포커스 아웃되어 줄곧 배경이 뿌옇게 흐려져 있다. 다발성 경화증을 앓고, 시력이 감퇴한 주인공의 처지를 관객은 간접 체험한다. 그에게 감각되는 세계는 오로지 들리는 소리와 자신의 몸을 통해 느껴지는 영역으로 좁혀져 있다. 클로즈업된 배우 얼굴에 스치는 다양한 인간의 감정이 관객의 눈에 면밀히 보인다. 만들어진 이야기 속에 연기인 듯 아닌 듯 실감 나는 모습으로 등장한 주인공.

사실 배우는 연기를 하지만 연기를 할 필요가 없기도 하다. 눈이 보이지 않은 채 휠체어에 앉아 있는 배우 자체가 주인공과 같은 입장이다. 배우 페트리 포이콜라이넨은 실제 난치병인 다발성 경화증을 앓고 있으며 잘 보이지 않는 시력을 가지고 있다. 넘어지기라도 하면 간병인이 올 때까지 꼼짝없이 기다려야 하는 처지는 영화적 장면이 아니다. 만들어진 이야기이긴 하지만 현실 이야기이기도 하다. "난 장애인 영화가 아니라 장애인이기도 한 주인공의 이야기를 만들었다."라는 감독의 말은 적절했다. 그래서 더 몰입감이 있는지도 모른다.

우리는 언제든 장애인이 될 수 있다. 장애인이 되지 않는다고 하더라도 인간은 늙고 젊은 날에는 찾아오지 않던 병으로 자연스럽게 약자가 될 것이다. 지하철 이동이 잦은 나는 무릎이 아픈 이후로 엘리베이터를 가끔 이용한다. 그럴 때 휠체어를 탄 사람이 있으면 그 사람을 먼저 태우려고 뒤로 물러난다. 하지만 사람들은 머뭇거림도 없이 우르르 타 버리고 문 앞에서 휠체어에 앉은 사람은 문이 닫힐 때까지 표정을 잃고 그들을 쳐다보게 된다. 평생 늙지 않을 것처럼 구는 사람들, 나에게 장애는 없다고 장담하는 사람들은 자신에게 닥치고야 느끼게 될까. 내 일이 아니라며 외면하는 시선들을 본다. 주인공 야코도 처음부터 휠체어를 끌며 태어나지 않았다. 그를 한 존재로서 존엄하게 살아갈 수 있게 돕지 않는다면 우리의 존재가 동물과 무엇이 다를까. 그 자리에 당신이 놓이지 않는다고 장담할 수 있을까.

주인공 야코는 매일 밤 같은 꿈을 꾼다. 달리고 있는 발과 숨이 차서 헉헉대는 소리가 화면을 가득 채운다. 야

마주하기

코가 꾸는 꿈은 자신의 삶에서 도망치지 않고 맞서고 있다는 것을 보여주는 게 아닐까. 어디로 달려가는 걸까. 움직일 수 없는 몸이 된 후 꿈에서라도 달리고 싶은 야코의 절실한 마음을 보여주는 걸까. 아니면 사랑에 빠진 한 남자가 사랑을 향해 달려가고 싶은 간절한 소망이 꿈으로 나타난 걸까. 야코는 지난밤 꿈속에서 깨어나 아침부터 전화를 건다. 수화기 너머 사랑하는 연인 시르파에게 똑같은 꿈이 발전하지 않는다고 푸념 섞인 이야기를 건넨다. 야코는 연인 시르파를 본 적이 없다. 아니, 볼 수도 없다. 다만 목소리를 통해 상상한다. 원(遠)거리 연애 중인 그녀도 혈액암으로 아프다. 연인들의 시간은 죽음 앞에서 사력을 다해 싸우는 중이다. 죽음이 와서 사랑하는 게 아니라 사랑하기 때문에 죽음에 맞서고 싶은 것이다.

야코의 뿌옇게 처리된 세상에서 소리는 더욱 예민하게 들릴 것이고, 날것으로 던져지는 이웃의 말은 마음을 긁어 놓는다. 몸과 마음의 고통이 심할 때 약으로 처방된 대마초를 피우며 가라앉히지만, 여기저기 던져진 상처는 깊은 내상을 남긴다. 넓은 세상의 무대에서 연기라는 꿈을 가졌던 야코는 좁혀진 세상에서 조여오는 병마를 대면하면서 살아남고자 전투를 벌이고 있다. 부모조차 야코의 마음을 제대로 알기는 힘들다. 그래서 외롭고, 그 외로움을 나누던 사랑하는 사람의 존재는 그에게 너무나 크다.

야코는 결심한다. 사랑조차 없는 곳은 그에게 더 가혹한 지옥으로 변할 테니 그는 용기를 낸다. 치료를 위해 약을 쓴다면 죽을지도 모른다는 공포 속에 흐느끼는 연인, 죽음 앞에서 떨고 있는 시르파를 만나러 가기로 한다. 더 내놓을 것 없이 전부를 가져가는 잔혹한 운명 앞에 그저 가만히 당할 수만은 없다. 고통과 절박함, 절망이 온몸을 감아 올 때마다 긍정하는 마음과 명랑함으로 자신을 무장했던 그다. 매일 사력을 다해 산꼭대기로 올려놓은 돌이 다시 미끄러져 제자리로 돌아오는 반복의 시간. 벗어날 길 없는 쳇바퀴 속에 무너지지 않고 존재하기 위해 긍정적인 마음을 그러모아 다시 한번 최선을 다해보기로 한다. 그 어둠의 시간에서 유일한 빛으로 존재하는 사랑이라는 희망은 그 모든 것을 견디게 한 원동력이다. 죽음 앞에서도 유머를 잃지 않고 당당히 맞서던 야코는 혼자서 길을 나선다.

짧은 시간 체험만으로도 묵직한 무게에 짓눌리는 경

험이었다. 이해는 공감을 낳고 공감은 변화의 물결을 만드는 물꼬가 될 것이다. 타인을 공감한다는 것은 사실 불가능해도 그 가까이에 닿으려는 노력은 포기해서는 안 된다. 고개 돌리는 마음들, 불편함을 보고 싶지 않은 마음들이 편견을 만들어 내고 있다. 장애라는 것으로 존재의 빛을 가려버리는 세상의 많은 편견을 본다.

우리는 서로를 마주하는 거울이다. 아름다움도 마주하지만, 고통도 마주한다. 삶도 마주하지만 죽음도 마주한다. 나는 예외라고 남의 일이라고 밀쳐내는 일은 어리석다. 장애를 가졌으니 도와줘야 한다는 말이 아니다. 그 존재 자체를 존중하는 마음이 가장 필요하다. 외면하지 않고 나를 보듯 타자를 마주해야 한다. 무너져야 할 세계를 쌓고 있는지 부수고 있는지 당신에게 묻고 싶다.

대답하라 여기는, 아미코

< 여기는 아미코 Amiko 2024 >

난 아미코야.

왜 아무도 내 이야기는 들어주지 않을까. 왜 아무도 내게 말해주지 않을까.

나도 엄마의 습작교실에 들어가고 싶었어. 하지만 들어갈 수 없었어. 문 뒤에서 조용히 엄마와 좋아하는 노리를 보고 있었지. 문이 열리고 엄마는 엄한 얼굴로 연달아 안 돼, 안 돼, 안 돼만 말했어. 무엇을 하면 안 되는지 안 되는 게 너무 많아서 듣지 못했어. 안 된다는 말이 북처럼 머리를 때리고, 나는 엄마의 턱에 난 커다란 점을 뚫어지게 보며 잔소리를 다 들을 수 있었어.

생일날 받은 선물. 일회용 카메라로 난 동생이 태어나면 사진도 찍어주고 무전기로 서로 이야기도 나누겠다고 말했어. 곧 태어날 동생과 잘 지내려 했어. 선물 받은 카메라로 딱 한 장 연습용으로 찍어보려 했지. 다행히 가족들이 자세를 취해주었고 나는 셔터에 손을 올렸어. 엄마는 잠깐만 하더니 거울을 가져와 계속 머리카락을 매만졌지. 자세를 취하느라 팔다리를 들고 있던 오빠도 옆에서 미소짓고 있던 아빠도 불편했지. 무엇보다 나도 불편했어. 그래서 그냥 찍어버렸어. 엄마는 기다리지 않았다고 화를 내며 내 카메라를 뺏었지. 난 기다렸는데, 엄마는 왜 나만 보면 화를 내실까.

엄마는 아기를 낳으러 갔고 동생 없이 돌아왔지. 동생이 죽은 것이지. 힘없는 엄마는 늘어져 있었어. 어떡하지. 좋은 생각이 났어. 마당에 있는 톰과 금붕어 무덤 옆에 남동생 무덤을 만들자. 엄마와 함께 빌어줘야지. 좋은 곳에 가라고. 노리에게 부탁해서 비석에 쓸 글도 받았어. 선물로 마련한 동생 비석 앞에 엄마를 데려갔는데, 엄마는 크게 울고 그 후 다시는 내 얼굴을 보지 않았지.

누가 내게 설명을 해줬으면, 내가 왜 그랬는지 물어봐 줬으면.

.

사람들은 나를 짜증 나고 지겹고 귀찮은 표정으로 보는 것 같아. 난 그렇게 사람들을 생각하지 않는데 친구도 오빠도 아빠도 엄마도 다 같아. 내가 맨발로 학교에 다니고 씻지 않은 게 그렇게 잘못일까. 글자를 몰라도 왜 모르는지 묻지 않았어. 결국, 나는 몸도 마음도 크지 않은 채로 중학교에 올라갔어. 노리는 더는 내가 물어도 대답이 없었지. 난 투명인간처럼 사람들 눈에 보이지 않는 유령이 된 걸까.

내게 아미코 괜찮아? 라고 물어주지 않아.

노리는 어릴 적 싫어도 엄마 부탁 때문에 나에게 말을 걸어줬다고 했어. 거짓말이 아닐까. 좋아하지 않는데 말을 할 리가 없잖아. 내게 가족도 말을 들어주지 않는데 내 말을 들어주는 건 오직 노리였는데. 아마, 쑥스러워서 거짓말을 하는 걸 거야. 중학교에 들어가고 노리랑 많이 멀어졌는데 좋아한다고 말해볼까. 마침 양호실에 노리가 왔어. 나는 노리에게 좋아한다고 고백했는데 그것 때문에 코뼈가 부러지도록 얻어맞았지. 코피가 터지고 얼굴 반이 붉게 물들었어. 그렇게 많은 피를 흘리고 집에 가서 현관 앞에 앉아 있는데 아빠가 왔어. 아빠는 날 병원에 데려갔지.

왜 다쳤는지 묻지 않았어. 어쩌다가 그렇게 되었는지 물었더라도 노리의 이야기는 하지 않았을 테지만.

아빠는 갑자기 내 짐을 쌌고, 나는 생일날 받은 카메라는 버리라고 세 번을 말했어. 그게 싫었어. 카메라로 이제 동생을 찍어 줄 수도 없으니까. 베란다에서 유령이 있는 것 같다고 같이 봐 달라고 잡아당겼는데 아빠는 내 말을 들어주지 않았지. 유령 때문에 난 아주 무서웠어. 오빠도 불량해지고 집에 들어오지 않았지. 이상해진 집은 내 탓일까. 엄마의 점을 본다든지, 오빠 머리 땜빵을 본다는지 그런 게 사람들을 그렇게 곤란하게 하는 걸까. 그런데 그게 왜 곤란한지 알 수 없잖아. 집에 나 혼자 있으니 더 무서웠어. 큰소리로 노래를 부르며 참아보려 했지만, 소리가 계속 났지. 무서워서 노래를 불렀는데 아빠는 시끄럽다고 했어. 너무 무서워 엄마 아빠와 함께 자보려 했는데 무서운 얼굴로 죽은 동생 이야기를 했다고 나를 툭툭 벌레를 내보내듯 밀어냈지.

왜 그렇게 내 말을 들어주지 않는 걸까. 내가 말하는 것을 못 알아듣는 걸까. 왜 밀기만 하고 내가 무서워하는 걸 확인해주지 않을까.

할머니네 집으로 이사 갔어. 여기서 아빠와 함께 살 줄 알았는데 아빠는 할머니와 나만 여기서 살고 자신은 가버린다고 했어. 오기 전 나에게 설명도 없었지. 모두 내가 싫다는데 나를 싫어하는 이유가 그렇게 많다는데 나는 모르겠으니까 답답한 거야. 싫은 수백억 개의 이유를 알고 있다는 친구조차 결국 이야기를 해주지 않았어. 비밀이래. 세상의 비밀에 내가 싫은 이유가 있다니. 나는 영영 알 수 없는 걸까.

이른 아침 할머니네 집 가까운 바닷가에 갔어. 차가운 바닷물에 발을 담그니 파도가 밀려왔지. 저 바다 위 학교에서 보이던 유령들이 모두 배를 타고 내게 자기 쪽으로 오라고 손짓했지만, 나는 여기서 좀 더 구경하고 가려고 굿바이 인사로 손을 흔들어 주었어.

아미코는 설명해주지 않는 비밀 가득한 세상에 좀 더 있다 갈까 해. 차가운 바다처럼 차가운 세상이지만. 아빠도 엄마도 오빠도 노리에게도 나는 그저 유령이었나 봐. 잘 안 보이나 봐. 내가 있는데 여기 내가 있는데 왜 내 말은 들리지 않는 걸까. 이렇게 목소리가 큰데 … 내게 이야기해주면 안 되었던 걸까. 설명해주면 이해할 수도 있었잖아. 나는 남동생이 죽은 줄 알았는데 시골로 오기 전 늦게야 여동생이 죽었다는 걸 알았어.

왜 모두 이야기를 해주지 않는 걸까. 왜 내 이야기를 듣지 않는 걸까.

대답하라. 여기는, 아미코. 들리는가 여기는 아미코.

아미코는 아미코밖에 없는 세상에 살았어.

"우리가 사는 지구는 우리를 둘러싼 거대한 우주의 암흑 속에 있는 외로운 하나의 점입니다. 그 광대한 우주 속에서 우리가 얼마나 보잘것없는 존재인지 안다면, 우리가 스스로를 파멸시킨다 해도 우리를 구원해줄 도움이 외부에서 올 수 없다는 사실을 깨닫게 됩니다."라고 칼 세이건은『코스모스』에서 말한다.

우리는 모두 이 행성에 존재하는 외로움인지도 모릅니다. 지구는 자전하고 큰 별을 따라 공전하지만 어느 누구도 제대로 만나지 못한 채 떠도는 중인지도 모릅니다. 때론 스쳐 지나가듯 서로를 만나는 지점도 있겠지만, 그 누구도 타인을 제대로 알 수는 없죠.

사랑한다는 것도 미워하는 것도 거대한 오해일 수 있다는 생각입니다. 여기에 우연히 도착했고 어느 날 또 우연히 사라지겠지요. 과거, 현재, 미래라는 것도 착각이고 보면 우리는 거대한 시공간의 회전 속에 잠깐 반짝이는 먼지들이죠. 그런 걸 생각하면 참 애틋합니다. 영원을 꿈꾸지만, 영원할 수 없습니다. 모든 것은 부서지고 희미해지고 흔적도 없이 사라져 거대한 우주의 회오리 속에 곧 흩어지겠지요.

대답하라 여기는, 아미코

당신에게 다가온 별에 그저 괜찮냐고 잘 지내고 있냐고 안부를 건네주세요. 제대로 만날 수 없고, 알 수 없다 해도 보이지 않는 전쟁 속에서 안간힘을 내고 있을 수도 있잖아요. 커다란 시공간에서 우리는 기적처럼 마주했을 수도 있습니다. 혼자만의 공허한 메아리 속에 두지 마세요.

아무도 아미코의 부름에 응답하지 않았다.
"응답하라 여기는 아미코 응답하라"

삶,
보이지 않는 진실

중요한 건 눈에 보이지 않아

< 로마 Roma 2018 >

기억은 냄새와 소리로 온다. 그리운 기억이 닿은 시공간에는 동네를 돌아다니는 개 짖는 소리, 바닥을 닦는 솔질 소리, 골목에 울려 퍼지는 아이들 소리. 달리는 차 소리, 군중들의 웅성거리는 소리로 가득 차 있다. 부엌에서 달그락거리며 익어가는 음식 냄새는 아침을 깨운다. 냄새와 소리는 공기처럼 일상을 가득 채우지만, 보이지 않고 잡히지 않는 것. 그 속에 쿠아론 감독의 유년시절을 그린 < 로마 Roma > 가 펼쳐진다.

격변하는 1970년대 멕시코가 배경이다. 집안에는 주인 내외와 할머니 그리고 네 아이가 있다. 주인공은 입주가정부 클레오. 집안일은 끝이 없고, 아이들까지 돌본다. 심지어 개까지. 친구는 같이 일하는 아델라가 유일하다. 가정부가 겪는 개인적 일들이 1971년 6월 멕시코의 성체축일 대학살이 일어났던 역사적 흐름과 같이 흘러간다.

영화가 시작하면 클레오가 바닥 타일을 거품을 내며 닦고 있다. 바닥에 고인 물에 작게 조각난 하늘이 비치고 비행기가 날아간다. 비행기는 장소를 달리하며 보인다. 바닥에 작게 비쳤던 하늘은 점점 큰 화면으로 옮겨진다. 그리고 영화의 마지막 장면에는 옥상으로 가는 주인공을 따라 높이 날아가는 비행기를 마주한다. 가정부의 일상은 늘 집안을 오고 간다. 가장 먼저 일어나 늦은 마무리까지 시간은 그녀가 성실한 사람임을 보여준다. 그녀의 세계는 손바닥처럼 작은 세계지만, 보이지 않는 내면은 가장 높은 세계를 가졌는지도 모르겠다.

흑백영화의 선명함처럼 대비가 돋보인다. 세상을 일으키는 힘과 무너뜨리는 힘의 은유를 남녀 대비로 보여준다. 세계는 높은 이상이나 힘센 권력이 만들어낸 곳일까? 아니다. 일상을 가꾸고 다듬고 돌보는 세계가 만든 것이다. 클레오는 집이라는 작은 세계에서 온종일 지내지만, 그녀의 손길은 생명을 돌보고 살리는 일이다. 마치 공기와도 같다. 그녀는 보이지 않지만 없으면 살아갈 수 없는 공기처럼 존재한다. 묵묵히 자신이 해야 할 일을 그림자처럼 한다. 그녀의 손길이 지나간 곳은 깨끗하게 변하고 풍성하고 따뜻해진다. 집 밖에는 떠들썩한 세계가 있다. 소란스럽고, 과시적이며, 교통 체증과 같이 답답한 세계다. 권력의 세계이며 여성과 대비되는 남성의 세계다. 그 세계는 자동차와 창(槍)으로 표현되며 허세와 폭력의 모습을 상징한다. 그리고 책임지지 않고, 말뿐인 자들이 가득하다. 지키는 세계와 파괴하는 세계는 역사라는 커다란 소용돌이에서 뒤엉키며 흘러가고 있다.

내 어린 시절 하루의 시작은 이른 새벽 잠결에 들리는 도마 소리였다. 하루가 가고 뜨신 밥을 먹고 아랫목으로 가족이 모여드는 저녁까지 자리에 앉을 새도 없는 사람이 한 명 있었다. 엄마다. 그녀는 늦은 시간까지 집안일에서 놓여나지 못했다. 그 일은 지겹고 고단해 보였다. 엄마는 여자의 삶이 고단하다는 걸 몸소 보여주었다. 물론 아빠의 일 또한 녹록지 않았다. 하지만 퇴근한 그는 대접받는 모습이었다. 그의 노동은 지폐로 환원되었고, 그것은 곧 자본주의 사회에서 작은 권력이 되었다. 아빠가 야근 후 주무시는 낮에는 모든 가족이 조용히 지내야 했다. 권력은 자연스럽게 위계를 세웠다. 아빠와 함께 먹

중요한 건 눈에 보이지 않아

는 밥상은 그가 없을 때와 한눈에 다른 모습이었고, 집 앞의 문패는 그의 이름만 걸려 있었다.

부부는 똑같이 일했다. 심지어 엄마가 더 많이 일했지만, 그녀를 대접하는 일은 드물었다. 그것은 화폐로 교환되는 일이 아니어서였다. 주부 생활이라고 퉁 치고 휴식시간도 따로 없는 무임금 노동이었다. 사랑이라는 목걸이를 걸어주고, 뒤에는 공짜라는 함정을 새겨 놓았다. 그러다 엄마의 존재는 그녀가 아프면 순식간에 드러났다. 집안이 엉망이 되고 쓸고 닦은 시간은 하루 만에 흐트러졌다.

이런 노동을 특히 '그림자 노동'이라고 부른다. 보이지 않는 노동, 계산되지 않는 노동으로 묶어놓고 우리는 당연하게 누리고 있다. 그림자 노동이라 칭하고 존재를 지운 건 누군가? 그림자 노동이라는 말은 사람 없이 그림자만 존재하는 기괴한 모습을 상상하게 된다. 한쪽으로 밀어두고 그 노동에 기대어 살아가면서 모른 척 외면하는 우리는 값을 치르지 않고 무임승차하고 있다.

<로마>에서 알폰소 쿠아론 감독은 여성의 아름다운 연대를 보여준다. 일상의 소중함과 함께 자신을 키우고 돌봐준 사람들, 특히 유모 리보를 향한 애정을 영화에 담

아냈다. 감독의 유년시절에 대한 기억이 따뜻한 시선으로 아름답게 표현된 영화다. 그는 페페라는 꼬마로 보인다. 감독은 남성이다. 백인이고, 비교적 부유층에서 성장했다. 그는 가정부 외는 직업을 가지기 힘든 원주민 인디오 여자 리보의 입장을 상상할 수밖에 없다. 자신을 투영한 캐릭터가 왜 아이인가. 다양한 추측을 할 수 있겠지만, 그는 영리하게 계급이나 남녀, 인종적인 날카로움을 피할 수 있는 아이의 시간으로 숨었다고 본다.

  감독의 자전적 이야기를 담은 이 영화에서 그는 클리오의 반대편에 속하기 쉬운 위치다. 그 세계는 남을 부리고 명령하는 곳이다. 그곳은 불을 지르고, 폭력을 부추기며, 자연을 향해 총질하고, 거리를 막고, 삶보다 죽음으로 몰아가는 쪽이다. 온 세상에서 주인 행세를 한다. 허세로 가득한 무리가 떵떵거리는 곳이다. 다행히 알폰소 쿠아론 감독은 클리오의 세계에 감사할 줄 안다. 그는 안다. 이 세계를 이루는 진실은, 자명종과 함께 일어나 부지런히 일하고, 모두가 잠든 후 전등을 끄며 마무리 짓는 발걸음에 있다는 것을. 페페를 키운 세계는 불구경하며 샴페인 잔을 들고 노래를 부르는 세계가 아니라 물을 나르고 불을 끄는 사람들이 키운 세계다. 인류의 역사는

중요한 건 눈에 보이지 않아

공기와 같이 보이지 않는 사랑으로 일궈낸 세계다. 결코, 거대한 이념이나 종교, 권력이 일구어낸 세계가 아니다.

최고의 선(善)은 물과 같다는 뜻으로 선의 표본을 물에 빗댄 '상선약수(上善若水)'라는 말이 있다. 물은 낮은 곳으로 흐른다. 생명을 길러내며 더러움을 정화한다. 바위를 만나면 비켜 가고 유연하게 돌아 흐른다. 하지만 한 방울의 물은 바위를 깨기도 하며, 흐르는 강물은 거대한 나무를 실어나르기도 한다. 선하면서도 부드럽고 굳건한 것. 그것은 클리오를 닮았다. 그녀를 움직이는 에너지는 사랑의 연대다. 낮고 작은 것들의 힘이다. 우리는 보이지 않는 공기를 마시고 사랑으로 키워지며 그림자 노동에 기대어 산다. 다만 그것을 당연히 여기며 뻔뻔하게 살아가는 반대편에 알폰소 쿠아론 감독은 감사함을 일깨우고 싶었는지도 모르겠다.

포스터에 주인공 클레오를 모두 끌어안은 모습이 있다. 바닷가에 간 장면이다. 삶은 빛과 암흑 사이 무수한 결로 촘촘히 연결된다. 선한 일은 선한 결말로 이어지지 않고 악한 일은 악한 결말로 이어지지 않는다. 클레오와 고용주 소피아가 겪은 아픔과 이별은 영화의 끝에 가면 꼭 나쁜 일만은 아니었던 것 같다. 인생이라는 파도를 넘어가듯 밀려오는 파도를 거슬러 오르는 모습을 본다. 아픔과 배신이 가져온 상황을 끈끈한 연대로 이으며 서로에게 새롭게 출발하는 계기가 됨을 보여준다. 지독한 일을 겪었지만, 그것은 그들을 성장시키고 사랑으로 뭉쳐 끝내 파도를 넘게 한다. 하늘의 비행기처럼 자유롭고도 넓은 세계로 확장된다.

개인의 삶은 역사 속에서 서로 다른 바퀴를 굴리며 가고 있다. 하지만 거대한 물결 속에 함께 있다. 사랑이라는 달콤함 속에 이별은 예정되어 있는지도 모른다. 가늠할 수 없는 물결 속에 우리는 함께 흘러간다. 보이는 세계는 보이지 않는 세계가 사라진다면 존재할 수 없는 세계다. 그림자 없는 우리는 유령일 뿐이다. 중요한 건 눈에 보이지 않을 때가 많다. 마음으로 보아야 한다.

부끄러워하는 양심

<월-E WALL-E 2008>

지구에는 도둑이 있다. 지구를 자기 것이라고 착각하고 땅 위에 선을 그었다. 그 경계에서 더 뺏으려고 서로를 죽이며 끝나지 않는 전쟁을 반복하고 있다. 지구에는 기생충이 있다. 살아 있는 모든 것을 훔쳐서 그 안에 기생하고 있다. 그리고 기생충답게 숙주를 죽음으로 몰고 있다. 지구에는 멍청이가 있다. 눈앞의 쓰레기를 바로 등 뒤로 던진다. 자신이 살던 곳을 더러움과 악취 나는 곳으로 바꾼다. 이 도둑과 기생충과 멍청이는 다름 아닌 인간이다. 영화 속 미래에는 다행인지 불행인지 지구 위에 인간은 없다.

미래의 시간을 보여주는 영화 <월-E WALL-E>에는 쓰레기장으로 변한 지구에 남아 텅 빈 자신의 네모난 가슴에 쓰레기를 꽉 채워 압축한 후 차곡차곡 쌓고 있는 청소 로봇 월-E가 등장한다. 필요한 건 뭐든지 다 있었던 소비 천국 백화점 앞에는 하늘에 닿을 듯 끝없는 쓰레기 탑이 장관을 이루고 있다. 지구에 남은 월-E는 매일 성실함으로 쓰레기 정리에 온 시간을 바쳐 일하고 있다. 먹고 마시며 소비 천국을 부르짖던 인간들은 결국 사는 곳을 이 지경으로 만든 뒤, 만능 청소 로봇만 남겨두고 우주 여객선을 타고 지구 밖으로 꽁무니를 뺐다. 자신들의 소중한 행복만을 생각하며 미련 없이 떠났다.

그리고 인간은 700년이 지나는 동안 광활한 우주에 여전히 더 많은 쓰레기를 무한한 공간에 마구 버리고 있을 뿐이다. 지난 시간 동안 반성은 없었다. 오랜 습관대로 더 많은 쓰레기를 생산할 뿐이다. 우주선에서 인간은 먹고 마시며 풍선처럼 부푼 몸뚱이로 생존한다. 태어나 한 번도 걷지 않은 채 날아다니는 원반에 실려 다니며 계속해서 쾌락만 좇고 있다. 마치 발전이라는 역사의 바퀴에서 인간이 만들어 낸 것은 공해와 쓰레기뿐인 오늘날의 모습과 겹친다. 영원히 먹고 마시는 삶이 계속될 것만 같은 우주선에 지구의 귀중한 '생존 식물'을 간직한 지구 탐사 로봇 이브와 그녀를 사랑하게 된 월-E가 함께 도

부끄러워하는 양심

착하면서 이야기는 급물살을 탄다.

인간들을 태운 엑시엄 우주선에서 지구로 보냈던 탐사 로봇 이브가 가지고 온 식물을 확인하고 몇백 년 만에 지구로 돌아갈 준비를 계획할 때. 지구 귀환을 방해하는 자동항법 기계와 대치하며 싸우는 장면이 있다. 인간은 직립(直立)함으로 지구에서 새로운 역사를 쓴 종이다. 그래서일까. 변화의 지점은 선장이 용기를 가지고 생애 최초 두 발로 서게 되므로 달라진다. 선장은 그동안 잊고 있었던 지구를 다시 살펴보게 된다. 짧은 시간이지만 과거의 영상기록을 보며 지구를 사랑하게 되었다. 그리고 그동안 질문 없이 기계의 명령에 따라 무한 반복한 시간을 돌아본다. 질문이 전환의 시작이다. 왜 한 번도 기계를 의심하지 않았을까? 당연한 게 당연한 건가? 라는 질문은 완고해 보이던 기존의 틀을 의심하고 깬다.

우주선에서 700년이라는 시간 동안 인간은 생각하지 않는 무능한 존재로 살았다. 반복된 정보에 세뇌되었다. 무조건 수용이라는 답습에 갇혔다. 인간을 사육한 건 기계인 듯하지만, 인간의 자업자득이기도 했다. 무한 루프처럼 돌고 도는 시간 속에 사람이 한 것이라곤 현실을 잊는 것, 과거의 잘못을 반성하지 않는 것, 그리고 생각하지 않는 것이었다. 천국처럼 보이는 지옥에 자신을 가둔 것은 다름 아닌 인간이었다. 정답이라고 믿은 어리석음, 보호라고 믿은 규칙, 생존이라고 믿은 안일함이 보고 듣고 느끼는 것을 막아 인간을 멍청이로 만든 결과였다.

질문과 의심 없는 무조건 수용과 답습은 무려 700년 동안 인간 존재를 철저하게 조종했고, 무능하게 만들었다. 마치 지난 인류 역사를 보는 것 같다. 오늘날 끝없는 전쟁과 살육은 반성 없이 지겹게 반복되고 있다. 한쪽에서는 파괴를, 한쪽에서는 필요치 않은 무한 생산의 공장을 돌린다. 인간들은 시간을 바쳐 자본주의 시스템에서 쓰레기를 생산하는 소비자로만 존재하게 된 모습이다. 나빠져만 가는 지구 환경은 예상보다 빠르게 변화되고 있다. 등 뒤에 지옥을 두고 물질시대의 톱니바퀴에 생각 없이 앉아 있는 모습은 영화 속에서 인간을 접시 위에 떠다니는 고깃덩어리로 표현한 모습과 다를 바 없었다. 인간은 당장 편리함과 욕망에 갇혀 멀리 보지 못하는 근시안이 되었다.

두 발을 딛고 걷는 것을 잊은 존재는 감각적 쾌락에 빠져버렸고, 자신의 모든 경험이 통제되는 현실에서도 여기가 감옥임을 알아차리지 못했다. 인간은 눈을 떴으

부끄러워하는 양심

나 보이지 않고, 귀가 열렸으나 들리지 않고, 머리가 있으나 텅 빈 존재로 전락했다. 눈앞에 놓인 발전, 발전, 발전의 꼬리표엔 돈이라는 자본으로 포장되어 있다. 그 시작과 끝에 무엇이 있는지 잊은 채 허겁지겁 욕망에 낚여 먹고 누리기 바쁘다.

오늘날 한 켤레의 신발조차 구하지 못한 맨발의 타자가 있지만, 한 사람이 평생 다 신지도 못할 수백 켤레의 신발을 두고 부끄러움 없이 자랑하는 모습이 공중파 방송을 탄다. 또 그것을 능력인 양 부러워하는 대중들의 무비판적 욕망이 결제 버튼을 누르고 있다. 태어나자마자 배고픔에 허덕이고, 걸음마를 배우자 마자 구걸의 행렬에 끌려다니는 아이가 있다. 쓰레기 산 아래 배고픈 아이가 도움을 구하는 화면이 지나고 나면, 10명이 먹어도 남을 음식 앞에 '먹방(먹는 방송)' 유튜버가 입안 가득 음식을 가득 채우고 씹지도 않고 꿀꺽꿀꺽 넘기는 장면이 이어진다. 한쪽에서는 한 달 급전으로 20만 원, 30만 원 생활비를 대출받는 사람이 생존으로 발버둥치고, 다른 쪽에선 백화점에서 1,000만 원짜리 가방을 사서 언박싱(unboxing)을 쇼처럼 하며 SNS에 '내돈내산'(내 돈으로 내가 산 것) 해시태그(#)를 달고 물건 자랑으로 도배를 한다.

아메리카 인디언의 이야기에 '양심'에 관한 이야기가 있다. 옛 인디언들은 양심이 뾰족뾰족한 형태라고 상상했다. 흔히 양심에 찔린다고 표현하는 그 느낌이다. 인디언들은 뜨끔 하는 양심이 부끄러움을 느낀 마음을 찌르기 때문이라고 생각했다. 하지만 부끄러움이 사라진 인간은 이 양심이 구슬처럼 동그랗게 변한다고 상상했고, 양심이 닳아서 동그랗게 된 사람은 찔리는 느낌 또한 사라진다고 이야기한다. 그래서 뾰족한 양심을 잃은 사람은 거리낌 없이 부끄러운 행동을 계속하게 된다고 생각했다.

어지러운 세상이다. 인간은 뻔뻔해질 대로 뻔뻔해졌다. 나 아니면 그만인 이기심으로 마음을 채웠다. 우리가 잃은 것은 무엇일까. 변화를 가져오기 위해서는 진정한 용기가 필요하다. 걷지 못할 거라는 두려움을 던지고 잘못된 걸음을 돌리는 첫 시작은 부끄러워하는 양심이다. 무한 생산의 자본주의 바퀴를 멈추는 시작은 뜨끔한 마음이다. 부끄러움이 사라진 인간은 자신뿐 아니라 세상을 부패시킨다. 부끄러워하는 양심이 인간을 살리고, 지구를 살리는 첫걸음이 된다.

용기란 무엇인가

<북샵 The Bookshop 2017>

어린이들이 읽는 『아름다운 가치 사전』에 용기란 마음 속에 도사리고 있는 두려움을 이겨 내는 것, 두려움 때문에 할 일을 포기하지 않는 것이라고 정의한다. 용기란 무모함과 무엇이 다른가? 무모한 일에는 고집이 따르지만, 용기엔 신념이 따른다. 그건 드러난 모습이 비슷할지라도 전혀 다른 모습이다.

영화 <북샵 The Bookshop>에 등장하는 플로렌스 그린은 전쟁미망인이다. 영국의 어느 어촌마을에 도착한 그녀는 주위를 둘러본다. 이곳 하드버러는 특별한 곳이었다. 사랑하는 남편을 만났던 의미 있는 곳에서 가장 좋아하는 일로 새 삶을 시작하고자 한다. 순간의 결정이 아닌 오랜 시간 숙고해 온 일이라 결심은 확고하다.

도서관도 변변찮은 마을에 서점이 들어서는 일은 용기를 가져야 하는 일이다. 하루하루 과중한 노동으로 책은 고사하고 밥 먹고 곯아떨어지는 게 대부분인 어촌의 일상에서 '올드 하우스'라는 간판을 달고 서점을 열었다. 책을 향한 열정을 무기 삼아 자신의 그리움과 슬픔을 헤쳐왔다. 그녀는 "책을 읽으면 그 이야기가 생생한 꿈처럼 살아 숨 쉬는 순간이 있어요"라고 말하는 이다. 그녀는 늘 책에 빠져 있고 책을 사랑한다. 책은 그녀에게 자신을 지키는 가장 빛나는 등불이었다. 사람들과 이 좋은 것을 나누고 이야기할 수 있다면 남은 삶이 따뜻하고 보람될 것 같았다. 주위를 돌아보는 그런 선한 마음으로 서점을 열었다.

흔히 도시와 마을은 겉으로 드러난 거대한 시설이나 원대한 프로젝트로 달라진다고 생각하기 쉽다. 틀린 말은 아니지만, 서점은 사람의 보이지 않는 내부에서 큰 변화를 일으킬 수 있다. 언어는 사람을 지배하고 서서히 바꾼다. 좋은 책을 통한 만남은 각자의 세상을 항해하는 데 든든한 배가 되어 줄 것이다. 또 "누구든 서점에서는 외롭지 않다."고 한 그녀의 말처럼 외로움을 이기는 가장 좋은 방법 또한 책을 친구 삼는 것이다. 그녀에게는 좋은

용기란 무엇인가

친구들(책)이 많았다.

아무 일 없을 듯 평온한 곳에도 독초처럼 자리한 마을 실세이자 질투와 험담의 대가인 가맛 부인이 있다. 허영과 아집, 돈, 우아한 치장으로 가린 이 여자는 플로렌스 그린이 몇 년 동안 방치된 낡은 집을 개조해 서점을 만들려는 곳에 자신이 생각해 둔 문화센터를 마침 열 작정이었다며 훼방을 놓고 술책을 부린다. 결국은 법까지 만들어 권력을 이용해 빼앗는다. 남의 떡에 탐이 날 수는 있지만, 아무런 생각도 없던 일에 오로지 질투와 이기심 하나로 방해하고 억지와 고집을 부린다. 그 우아한 차림새 뒤에 감춘 시궁창 냄새나는 가맛 부인 마음이 보인다. 자신에게 올 관심을 다른 이가 받는 것은 견딜 수 없고, 자신과 다른 생각을 지닌 이들을 통제하고 숨통을 조여 놓는 인물이다. 자기 자신 이외는 진정한 친구가 아무도 없는 그녀는 세상 가장 불행한 사람이다. 사실 스스로와 친구인지도 의심스럽다.

어촌마을에 서점도 낯선데 문화센터라니 자기 마음대로 사람을 찢고 빨고 떡 주무르듯 주무르는 그녀의 손길에 사람들은 굽신굽신 넘어간다. 더러운 돈과 권력을 피하는 것인지도 모른다. 하지만 권력 앞에 숨는 자도 결국 잘못된 권력을 키우는 꼴이다. 방관자이지만 또한 가담자다.

서점의 첫 손님이자 하드버러 마을에서 책을 좋아하는 노신사 브런디쉬는 자신의 성 안에 갇혀서 나오지 않고, 서신으로 책을 주문하는 다독가이자 단골이다. 둘은 책을 권하고 또 책에 대한 평을 묻다가 서로의 든든한 지원군이 되어 간다. 책을 통한 우정은 아름답게 연결된다. 생각을 나누고 마음을 나누는 친구를 둘 수 있다는 것은 인생에서 만나는 달콤한 열매가 아닐까?

브런디쉬는 플로렌스에게 가맛 부인의 흑심을 넌지시 알려주고 조심시키고 싶었다. 친구가 다칠까 두려워하는 마음이었다. 하지만 플로렌스의 단호함과 거칠 것 없는 용기에 오히려 변하게 된 것은 브런디쉬다. 그는 그동안 사람에 대한 실망으로 마음의 문을 닫고 있었다. 하지만 두려움을 벗고 세상 밖으로 나오게 된다. 오로지 플로렌스를 돕고자 하는 선한 마음으로 몇십 년의 칩거를 뒤로하고 적진을 향해 전진하는 기사가 된다. 그에게 용기란 내 이득과 무관한 일 또는 두려움에도 일어서는 행동과 마음이다. 결국 비극을 맞이하지만, 나중에 그가 없는 곳에 뒤늦게 도착해서 브런디쉬가 기다린 책『민들레

와인』을 껴안고 프로렌스는 울게 된다. 이제 마음을 알아줄 사람도 잃고, 서점도 잃었다. 희망의 장소였던 하드버러에 오만 정이 떨어져 결국 마을을 떠나고자 한다. 하지만 영화를 보며 그녀의 용기가 너무 일찍 꺾여 버린 것은 아닌가 하는 아쉬움도 일었다.

서점 초창기부터 등장한 곱슬머리 귀여운 소녀 크리스틴은 서점 일을 야무지게 돕고, 플로렌스와 친해져서 그녀를 진심으로 아끼게 된다. 어린 크리스틴이지만 오히려 플로렌스를 돌보는 느낌이다. 프로렌스도 책 읽기는 싫어하는 크리스틴을 천천히 지성의 세계로 이끈다. 시간이 흐르고 마지막 모든 것을 내려놓고 서점을 포기하고 떠나게 되는 순간, 플로렌스는 언덕 너머에서 활활 불타는 서점을 보며 놀란 눈으로 주위를 두리번거린다. 그러다 동시에 부둣가에서 손을 흔드는 크리스틴을 본다. 곱슬머리 소녀는 플로렌스를 위한 일종의 대리 복수이자 그녀에게 주는 선물로 서점을 불태운다. 가맛 부인의 악랄한 손길을 밟아버리듯.

이 장면은 마치 소녀에게 옮겨붙은 주인공의 희망과 용기를 보게 되는 것 같다. 작별 인사를 하던 소녀의 손에 들린 책 한 권의 시작으로 그녀의 나머지 삶이 바뀔 것을 암시한다. 크리스틴은 용기와 사랑과 진심을 배웠다. 결국, 이 이야기를 끌고 가는 화자는 크리스틴이었다. "삶이 있는 한 희망은 있다."(키케로)라고 읊조리며 영화의 끝에 등장한 목소리의 주인공은 우아한 흰 곱슬머리를 가진 할머니로 변한 크리스틴이었다. 소녀에게 옮겨 붙은 책 사랑은 결국 그녀를 서점 주인으로 만들었다.

영화는 플로렌스의 실망과 물러남으로, 갑작스럽게 마무리되는 느낌이 있어 아쉽지만, 우리가 책을 통해 무장하게 되는 용기와 희망에 대한 것을 엿볼 수 있었다. 세상의 부당함 앞에서도 굽히지 않는 용기는 내 안의 신념과 선의의 마음이 자란 열매였다. 세상을 등지고 앉은 실망과 두려움을 열게 한 용기는 사랑하는 이를 지키고 악과 맞서는 모습이었다. 당시 세상에 천편일률적으로 정해진 여성의 삶에 등불을 밝힌 것은 책에 대한 무한한 사랑이 일으킨 희망이었다.

나를 비추는 거울

< 나의 문어 선생님 My Octopus Teacher 2020 >

눈에 보이는 숲만 숲일까? 크레이그는 마치 하늘을 나는 새처럼 대서양에 펼쳐진 다시마 숲으로 뛰어든다. 에메랄드빛 바다에는 올리브색 다시마가 바람에 흔들리듯 물결에 춤추고 있다. 빛에 드러난 바다 정원을 꽉 채운 신비로운 생명체들은 지상의 화려한 꽃들만큼 아름답다. 그 속에는 무수한 생명이 유영하고 있다.

차가운 포말이 부서지며 물속에 잠수하듯 영화 < 나의 문어 선생님 My Octopus Teacher >으로 빨려 들어간다. 푸른색이 주는 편안한 안정감이 마음을 맑게 한다. 밀려왔다 밀려가는 파도가 날 선 일상을 다독이는 듯하다. 숨이 멎을 것 같은 차가운 바닷속을 보며 현실에서 계절을 잃어버린 지구를 떠올렸다. 세상은 매일 온도를 갱신하며 뜨거워지고 있다. 지구에 경고등이 켜진 것은 하루 이틀 일이 아니지만, 사람들은 자연과 분리되어 무심하게 외면하고 있다.

뉴스에선 높아진 온도로 자연 발화한 산불이 이글이글 화염을 내뿜고 있다. 푸른 지구는 시커먼 재가 되어 멈추지 않고 타들어 가고 있다. 채널을 돌리자, 각종 기술발전을 통한 편리한 삶, 소비적인 생활을 부추기는 광고들로 홍수를 이룬다. 흥청망청한 시간 속에 도취된 인간은 자신과 함께 세상을 불태우고 있는지도 모르겠다. 도시의 화려한 불빛에 가려 별빛을 본지도 오래다. 자연을 이용하고 개발로 이득을 취하는 대상으로만 본 시선이 사람도 자연도 위험에 빠트렸다. 우리는 자연으로부터 너무 멀리 와 있다.

더는 미룰 수 없는 경고등이 켜졌다. 하지만 바로 내 발밑의 불편으로 오지 않으면 사람들은 무심하다. 해수면이 올라와 내 집이 가라앉으면 그때야 움직일지도. 기후 재앙을 늦출 수 있는 제안은 늘 있었다. 아는 것을 행동으로 옮기는 일은 지구와 안드로메다의 거리만큼 멀다. 결국, 다 같이 돌이킬 수 없는 지옥으로 빠지고 있다.

주인공 크레이그의 삶은 사막과 같이 메말라 갔다. 다

나를 비추는 거울

큐멘터리 촬영 중에 칼라하리 사막에서 사는 원주민을 볼 기회가 있었다. 그들은 자연 속에 살며, 자연을 읽고, 교감하고 있었다. 그들과 다른 자신은 이 세계의 외부인으로 자각되었다. 그는 외로움과 고독감을 느꼈다. 더는 내려갈 수 없는 고갈된 바닥에서 그는 자신이 자랐던 고향 바다를 떠올린다. 모든 것을 뒤로하고 말라버린 영혼을 적셔줄 푸른 바다에 안긴다. 매너리즘에 빠져 삶의 벽에 부딪혔던 그가 다시마 숲에서 우연히 만난 문어에 감응하고 변화된다. 고립감, 이질감을 벗어나 그는 바닷속에서 만난 문어와의 교감을 통해 잊었던 사실을 다시 환기할 수 있었다. 그러는 중에 자신이 처한 어려움을 현명하게 풀어나갈 용기를 얻게 되고, 자연과 소통하며 안정을 찾아간다.

문어를 만나기 전 세상은 자신이 소외된 이질적 세계였다면, 문어를 만난 후에는 소속감을 느끼며 다시 연결된 세계로 변한다. 인간은 자연의 부분이며 자연과 다름없는 소우주다. 사람도 자연의 일원이라는 것을 다시 느끼자, 그의 영혼은 서서히 회복된다.

그가 바다 밑에서 만난 것은 문어였다. 처음에는 문어가 도대체 무얼 하는 걸까 하는 강한 호기심이 일었다.

문어는 크레이그에게 거울 같은 존재였다. 어느 순간 그는 문어처럼 생각하기 시작한다. 대상으로 바라본 시선이 아니라 문어와 일체감을 느낀다. 점점 **빠져들었다**. 그 생명체가 온통 크레이그의 시간을 지배했다. 내가 곧 문어였고, 문어가 곧 나였다. 자연스럽게 문어 안에 있는 자신을 비추게 된다. 그러자 놀라운 기적이 일어났다. 문어 또한 크레이그를 믿게 되고 그는 문어의 세계에 초대된다. 문어를 통해 자아가 확장되고 세계를 보는 시선이 달라진다. 누구를 사랑하고 알게 된다는 것은 대상자로서가 아니라 동화되고 연결되는 것이었다. 교감을 통해 세계가 확장된다.

살아가면서 문어를 만나듯 우리는 타인을 거울처럼 마주하게 된다. 그 타인을 마주할 때 내 속에 그가 없다면 비춰볼 수 없을 것이다. 내 속에 갇혀 있지 않고 내가 그가 되고, 그를 깊이 들여다볼 때 그가 내 안으로 들어온다. 그는 타인이 아니라 내가 되고, 우리는 서로를 비추는 거울이 된다. 그리고 나의 세계는 타인으로 인해 더 넓은 바다를 만날 것이다.

문어는 나와 다를 바 없는 유한한 생명이다. 한 번도 살아 본 적 없는 세상을 겪는 연약한 존재다. 그 작고 영

나를 비추는 거울

리한 생명체는 주어진 시간에 최선을 다해 순리대로 살아간다. 문어는 살아가기 위해 온갖 전략을 동원해서 살아남았다. 상어로부터 사냥당할 위기에서 상어 등에 타는 대담함도 발휘했다. 그것만이 아니라 주어진 시간을 즐기는 모습도 보여준다. 춤을 춘다. 파도에 몸을 맡기고, 다리를 뻗어 긴장을 풀고 놀이에 빠진다. 지혜로운 존재다. 실패에도 주저하지 않았고 도전했다. 낯선 크레이그를 만나 호기심 가득한 시선으로 탐색을 즐겼다. 그에게 다가왔고 마음을 내주었다. 때가 되자 사라질 운명을 수용하고, 단호히 떠날 수 있는 모습도 보여줬다. 배운 적도 누구의 도움도 없었지만 유연하면서 강인하게 생을 진하게 살았다. 문어는 삶을 다하고 홀연히 사라졌다. 또 다른 생명을 남기고 자연 속으로 돌아갔다.

'선악개오사(善惡皆吾師)'라는 말이 있다. 선도 악도 나의 스승이라는 말이다. 세상에서 만나는 타자들은 스승으로 다가올 수 있는 존재다. 우리는 타인을 통해 세상에 드러난다. 서로 관계 맺음으로 존재는 연결된다. 그것은 외부를 대상으로 여기는 관찰자의 시선이 아니라 스며들고 교감하고 사랑하는 모습일 때 만날 수 있는 선물이다.

문어가 상어의 공격을 받은 순간이 있었다. 크레이그는 문어에게 자신을 투영했다. 두렵고 아픈 상황에서도 절망하거나 포기하지 않고, 회복할 때까지 묵묵히 기다리는 모습을 봤다. 아픔을 겪지만, 다시 털고 일어설 때까지 자신을 돌보면서 시간을 기다렸다. 뜯긴 상처에서 작은 다리가 자라는 것처럼 내 안에 용기가 자랄 시간이 필요했다. 문어가 스스로 회복하는 모습은 크레이그에게 메시지를 던졌다.

프루스트는 『되찾은 시간』에서 "우리는 예술가들 때문에 나 말고 다른 세계가 있다는 것을 안다."라고 했다. <나의 문어 선생님>을 통해 새롭게 다가왔던 문어라는 존재는 자연 속에 순리대로 살아가는 겸손과 유한한 시간을 즐기는 모습을 통해 우리의 삶을 비춰볼 수 있었다. 그리고 크레이그가 자연과 잃어버린 연결고리를 이으며 시련 속에서 다시 일어나는 모습을 봤다. 그가 아니었으면 몰랐을 매력적이고 아름다운 문어 선생님을 만나고, 나 또한 나를 비춰보게 된다.

인간 중심적 사고에서 벗어나 자연에 속한 우리의 모습을 되찾아야 함을 느낀다. 자연은 이미 우리에게 많은 것을 주었다. 아름다운 바다를 지키고 지구 환경을 생각하는 것은 결국 나 또한 자연의 일원이었음을 겸허하게 수용하는 길이다. 자연을 파괴하는 일은 부메랑이 되어 우리의 목을 치게 될 것이다. 우리가 돌아갈 고향을 파괴하는 일이 멈추어지길 바란다. 우리는 연결된 존재다. 미래에도 이 아름다운 바다와 생명체들이 존재하길 바란다.

비상을 꿈꾼다

<루시 Lucy 2014>

길을 걸으며 나풀대는 나비를 본다. 산책길에 마주한 나비는 잘 가꾸어진 꽃밭에서 여기저기 옮겨 다니고 있다. 아지랑이 피는 언덕 위에서 나비를 잡던 어린 내가 겹쳐진다. 모든 게 잠깐이구나. 삶의 반짝임과 덧없음 사이 몇 번의 날갯짓을 해볼 수 있을까. 어느새 노안으로 찡그리며 사물을 보는 시간으로 건너왔다. 나비는 애벌레에서 여러 번 모습을 바꾼 후에야 나비가 된다. 나비 이전에는 나뭇잎 뒤에 매달린 번데기였다. 그전에는 그 잎을 갉아 먹는 꿈틀대는 애벌레였다. 나비는 최초의 알에서 여러 차례 탈피를 거듭한다. 마지막 아름다운 모습을 보면 그 이전을 상상하기 어렵다.

인간을 이루는 세세한 것을 현미경 수준으로 들여다

보면 모든 것이 물질로 환원된다. 인간은 그러한 작은 물질들의 총합인가. 그건 아닌 것 같다. 하지만 육체를 벗어나 정신과 의식만으로 이루어진 존재도 아니다. 인간을 이분법적으로 나눌 수는 없다. 인간은 죽음으로 향하는 유한한 시간을 산다. 그 시간 안에 생존과 번식만이 우리에게 주어진 과제일까. 인간 존재 이유가 육체적 성장과 유전자의 전달만은 아닐 것이다. 하지만 대부분 정신적 성장은 꿈도 못 꾸고 결국 미완인 채 죽음을 맞이하는 건 아닐까.

영화 <루시 Lucy>는 인간의 뇌를 지금의 10%가 아니라 100% 사용했을 시 어떤 일이 가능해질까 하는 질문에서 시작된 영화다. 질문의 근거는 CPH4라는 물질에서 출발한다. 실제 임신 6주 차에 극소량만으로 태아의 뇌와 척수 신경 80%를 만드는 이것은 현실에 있는 물질이다. 만약 이 물질이 다량으로 인간의 몸에 흡수된다면 어떻게 변화될까를 상상해 본 이야기다.

영화를 보면서 이건 하나의 은유라고 생각했다. 이야기는 사람이 물질이나 소유에 집착하면서 인간 존재의 무한한 확장성을 스스로 닫아 버렸음을 말하고 있는 것 같다. 겉모습의 성장만으로 그 의미를 한정 짓고, 편리하고 좋은 환경을 구축해서 원초적 욕망에만 머무르게 된 지금의 현실을 사람들에게 자각하라는 것은 아닐까. 뇌가 증강되는 것을 보며, 존재라는 물음이 자연스럽게 떠올랐다. 인간이 우주적 존재였음을 망각했냐고 되묻고 있는 것 같다. 인간을 이루는 물질적인 것은 결국 사라지고 시간도 공간도 빛으로 환원된다. 영화는 어쩌면 영혼이 성장하는 모습을 과학적 상상을 통해 SF적 언어로 표현하고 있는 모습으로 비친다.

인간의 삶이 태어나 늙고 병들어 죽는 게 전부라면 짐승과 다를 게 뭐가 있을까. 생로병사의 순차적 시간 흐름에 갇혀 끝내 존재의 변화를 깨닫지 못하고 죽음에 이른다면 생존한 것이지 존재한 것은 아니다. 알에서 깨어나 나뭇잎만 먹고 덩치만 키운 채 번데기로 건너가지 못한 모습이다. 인간을 변화시키는 정신의 성장은 사람마다 다르다. 죽기 전까지 번데기의 단계에 머무른 사람도 있고, 애벌레에서 멈춘 사람, 알 상태에서 화석처럼 굳은 사람 등 나비에 이르지 못하고 자신의 변화 가능성을 도중에 닫아 버린 사람도 많을 것이다.

그래서 사람이 나이가 든다고 저절로 현명해지고 지혜로워지지 않는다. 겉모습은 늙었지만, 아이만 못한 수

비상을 꿈꾼다

준으로 자기 에고에 갇힌 사람을 종종 본다. 어린아이의 마음으로 순수해지는 것은 반기는 일이지만, 나이 들어서도 아이와 같은 미성숙을 반기는 사람은 없을 것이다. 인간이 나이 들어간다는 것은 육체는 노화될지언정 정신은 더 명민해지고 깊어져서 성숙해지는 모습이어야 하지 않을까. 사람들은 쉽게 자신의 변화 가능성을 닫아 버린다. '이제는 늦었다. 이제 와서 무슨. 다들 그리 살잖아. 복잡한 거 싫어.' 그런 마음들로 스스로 화석이 되어간다. 존재하기를 닫아 버리고 시간만 연장한 채 살다 간다. 자신이 나비가 될 존재였다는 것을 망각해 버린다면 아무리 긴 시간을 살았다 하더라도 존재한 것이 아니다. 나 또한 예외가 아니기에 두렵다.

루시의 배에 넣었던 물질 CPH4가 뱃속에서 터져 순식간에 몸에 흡수된다. 루시가 뇌를 20% 사용 가능할 때 그녀는 자기 신체를 완벽하게 통제한다. 폭력집단 소굴을 제압하며 그녀는 그 전과 전혀 다른 모습으로 바뀐다. 데이비드 호킨스는 『의식 수준을 넘어서』에서 최고단계 1,000을 기준으로 인간의 의식지도를 단계별로 수치화한다. 그중 의미심장하게 변화되는 지점이 있는데 '용기'라는 단계다. 용기는 200수준이다. 그 이전이 자만심으로 가득 차서 이기적 생각뿐이었다면 이 용기를 기점으로 의식의 수준이 다른 도약을 시작한다. 나비의 탈피과정을 데이비드 호킨스의 의식지도와 비교한다면 알을 까고 애벌레로 시작하는 그 시점이 용기가 발현되는 지점이 아닐까 한다. 내 몸을 통제하고 다른 꿈을 꾸기 위해 자신을 확장하고 움직이는 것으로 보인다. 인간의 의식 수준을 도약하기 위해서는 '의지'가 중요하다. 의식 수준 200은 정신적 변화를 가지는 첫 지점이고 그것의 증폭제는 용기다. 마치 루시의 뇌가 20%가 열리자, 그 전과 다르게 자기 육체를 통제하고 주어진 상황을 컨트롤 하는 모습이 내겐 용기로 인해 변화된 인간의 모습처럼 보였다.

용기를 지나 의식 수준 500이 되면 '사랑'의 단계에 이른다. 두 번째 큰 변화의 지점이다. 이 사랑은 단순히 남녀의 육체적 사랑이나 자기중심적 사랑을 말하는 것이 아니다. 그다음 단계에 해당하는 무조건적 사랑을 향한 디딤돌이다. 그리고 그 후 깨달음의 빛을 향해 상승한다. 나비가 되기 전 번데기로 매달려 있는 동안 나비는 외부의 위험에 그대로 노출된다. 먹이가 되거나 공격받기 쉽다. 하지만 그 과정을 거치지 않는다면 나비가 될 수 없

비상을 꿈꾼다

다. 이것은 용기뿐만 아니라 인내와 기다림의 모습이다. 두려움에 맞서는 '의지'고 그 밑바탕은 사랑이다. 그리고 고요히 자신의 내부를 직시하는 과정으로 보인다. 침묵처럼 보이는 번데기는 마치 죽음의 과정과도 유사한 모습이다. 더 넓고 큰 영혼의 성장을 위한 수련 과정 같기도 하다. 이 과정이 있기에 번데기를 벗어난 나비의 변신은 빛나게 된다. 하늘하늘 날갯짓으로 빛 속에서 춤을 춘다.

한 번도 나비가 되지 못한 채로 우리는 배부른 애벌레로 머물러 있지는 않은지. 또는 용기라는 기폭제를 제대로 쓰지도 못하고 번데기가 되어야 하는 시점을 놓치고 망설이다 죽음에 이르는 것은 아닌지. 끝내 영혼이 성장할 기회를 외면하고, 자신의 완성을 애벌레나 번데기로 착각하고 마지막까지 변해야 하는 유한한 시간을 허송세월하고 멈춰 있는 것은 아닐까 하는 마음이 든다. 껍질을 벗고 날개를 펼칠 기회를 스스로 던진 것은 아닐까. 끝없는 물음표가 마음을 찌른다.

낮은 의식 수준에서는 생명은 경쟁적이고 이기적일 수밖에 없다고 했다. 인간은 생존하기 위해 오늘을 성실히 살아가는 것도 맞지만 생존만이 인간이 존재하는 이

유는 아니다. 우리는 어떻게 존재할 것인가. 사람은 욕망만으로 살 수 없다. 인간은 추구해야 할 각자의 소명이 따로 있다. 내가 어떤 모습으로 완성될지는 내가 선택한 용기와 사랑만이 열쇠를 줄 수 있다고 생각한다. 푸른 하늘 아래 아름다운 비상을 꿈꾸고 싶다.

비상을 꿈꾼다

마지막 기회

<바람계곡의 나우시카 Nausicaa of the Valley of Wind 2000 >

　'지속 가능한 발전'이라는 말은 환경이나 경제 관련 뉴스에 자주 등장한다. 환경을 생각하자는 좋은 말이다. 하지만 달리 말하면 끝없는 발전이라는 욕망을 보여준다고 할 수 있다. 지속 가능이라는 말의 이중성과 위험성이 느껴진다. 우리가 경제 발전이라는 이 쳇바퀴를 굴리는 한, 지구 환경은 최악의 시나리오를 향해 가고 있을 뿐이다. 전면적으로 뒤집지 않는 이상, 변화를 기대하기는 힘들다. 발전이라는 꼬리표를 바꾸지 않고는 지구의 온도가 내려가지 않으리라 본다.

　지구는 계속 뜨거워지고 있다. 여기저기 기후위기 경고등이 켜진다. 높은 기온과 건조한 대기로 인해 자연 발화한 불은 산을 태운다. 거세게 숲을 태우고 그 안에 살아가는 생명체를 까만 재로 만든다. 도저히 사랑할 수 없는 세계를 벌써 마주했는지도 모른다. 영화 <바람계곡의 나우시카 Nausicaa of the Valley of Wind>의 배경은 지구 멸망 위기로부터 천년이 지난 때다. 죽고 죽이는 그 암흑의 시간에서 지구는 독성을 가진 균류들이 떠다니는 부해(腐海)라는 숲이 점령하게 된다. 살아남은 인류는 부해 숲에서 바람에 실려 온 독성 포자를 마주한다. 마스크로 막는다고 하지만 임시방편에 지나지 않는다. 시간이 지나면서 사람들은 독성에 병들고 서서히 죽게 된다.

인간은 이해하기 힘든 세상을 설명하기 위해 이야기를 만들었다. 신화가 그렇다. 다가올 세상의 예언처럼 전해지는 이야기를 듣고 사는 바람의 계곡 사람들. 신화가 된 이야기가 그려진 태피스트리*에는 과거 과학기술문명이 불러온 '불의 7일'이 묘사되어 있다. '거신병'이 세계를 불 속에서 태워버린 이야기를 남겨 벽에 걸어 놓았다. 과거의 일은 미래를 예언한다. 또 미래는 이미 와 버린 현재가 시작이다. 사람들은 이 멸망의 세상을 구해줄

---

* 태피스트리tapestry: 여러 가지 색실로 그림을 짜 넣은 직물, 벽걸이나 가리개 따위의 실내 장식품으로 쓰인다.

마지막 기회

선지자(先知者)를 기다린다. 선지자는 수염을 기른 남자고 황금벌판에 선 자다. 하지만 기다리던 선지자는 바로 앞에서 당면한 난제에 답을 찾기 위해 질문하는 어린 소녀 나우시카였다.

지구를 파헤치고 자연을 진노하게 만든 것은 인간이었다. 인간은 어쩌다 이렇게 파괴를 그칠 줄 모르게 되었을까. 동양의 고전『주역』에는 우주가 생겨난 원리를 이야기한다. 그 원리의 기본 골조는 우주 자연과 인간을 연결하는 천지인(天地人) 사상이다. 인간이 우주 만물을 바라보고 일상을 살피며 어떤 태도로 살아야 하는가를 보여준다. 인간 윤리와 우주의 변화를 64괘에 담아 놓았다. 옛사람들은 천지(天地)라는 기준을 거울처럼 두고 삶의 기준으로 삼았다. 21세기를 연 현재 우리는 하늘을 보고 땅을 살피며 살았던 지혜를 잃어버린 모습이다. 우주 자연으로부터 동떨어져 등을 돌리고, 연결고리를 스스로 끊어버린 것은 아닐까.

주역 팔괘에 바람(風)을 뜻하는 손(巽)(☴) 괘가 있다. 양─ 아래 음--이 공손하게 엎드려 있는 모습으로 천하 곳곳에 들어가지 못할 데가 없는 바람을 보여준다. 바람은 자기를 낮추기 때문에 어디든 용납이 된다. 높은 곳이든

낮은 곳이든 좁은 틈새든 어느 곳으로나 들어갈 수 있는 게 바람이다. 그것은 공손하여서 가능하다. <바람계곡의 나우시카>에서 멸망 앞에 인간이 취해야 하는 태도를 손(巽) 괘로 유추해본다. 자연 앞에 공손하게 바짝 낮게 엎드리는 자세가 변화를 일으키는 시작이라고 말하는 것 같다. 마음을 낮춰 겸손한 자세로 돌아가서 기도하는 마음으로 헌신을 배워야 한다. 자연에 기대어 사는 유한한 생명체가 긴 순환의 흐름을 거슬렀다. 욕망을 끝없이 키우며 전쟁과 폭력으로 한 치 앞을 모르고 달렸다. 지금 자연은 바이러스 같은 인간으로부터 회복하기 위해 몸부림 중인지도 모른다.

과거 일기예보에는 등장하지 않던 미세먼지 지수를 신경 쓰게 된 지도 꽤 시간이 흘렀다. 눈에 보이지 않지만, 너무 작아서 오히려 더 치명적으로 생명체를 무너뜨리는 미세먼지. 그것은 우리가 만들어 낸 것이고, 그 먼지가 돌아와서 우리를 무너뜨리고 있으니 자업자득인가 싶기도 하다. 상상의 이야기라고 생각할 수 없을 만큼, 현실 속 지구 환경도 빠른 속도로 나빠지고 있다. 그래서 영화 이야기가 예언 같아서 두렵기도 했다. 지구를 덮친 균류로 멸망의 시간을 통과할 때, 사람들은 살아남기 위해 힘을 합치는 게 아니라 그나마 남아 있는 인간끼리 최후의 멸망을 향해 끝없는 전쟁을 반복하고 있었다. 멸망 앞에서도 지독한 이기심으로 더 빠르게 파괴되고 있었다.

공동체를 무너뜨리는 것은 내부의 갈등과 반목이지, 외부의 공격과 압제가 아니라는 생각이다. '나 하나쯤이야.' 하는 작은 이기심이 인간과 타 생명체를 위협하는 출발점이다. 내 가족만, 우리만, 우리 국가만으로 경계 짓는 와중에 서로를 놓친 지점을 본다. 안을 지키기 위해 밖을 향해 총구를 들이댔던 인간들. 서로의 총구가 돌아와서 자신을 겨눈다는 것을 깨닫지 못했다. 아둔하게 경계 바깥과 안을 나누는 데만 혈안이 되었다. 내가 속한 공동체가 우선이라는 이유로 같은 점보다 다른 점으로 분리하고 공격하는 일에 쉽게 돌아섰다.

하지만 시야를 넓혀 지구 공동의 위기로 우리의 인식을 좀 더 확장한다면, 그 위기 앞에서 두려움을 느꼈다면, 타자의 안녕이 곧 나의 안녕과 연결되어 있다는 것을 바로 알 수 있다. 더 나아가 모든 생명체가 이 지구 위에서 함께 살아가는 존재. 서로에게 기대는 소중한 존재라는 것을 알 수 있다. 우리는 연결된 존재다. 분리된 존재가 아니다.

<바람계곡의 나우시카>에서 지구를 구한 것은 식물이었다. 자신을 내어놓고, 독을 흡수하며 지구를 정화하고 있었다. 식물이 지구를 안간힘으로 지켜내는 동안, 인류는 바이러스와 진배없는 존재가 되었다. 곤충도 철저히 인간에게 익충이냐 해충이냐로 구별 짓는 이기적인 마음으로 살아온 인류다. 자연을 이용하고 개발로 이득을 취하는 대상으로만 봤다. 인간의 시선이 얼마나 폭력적이고 아둔한가를 역사는 보여준다.

오늘날 쉽게, 편하게 사는 습관을 내려놓지 않는다면, 인류뿐만 아니라 지구의 모든 생명체가 인간의 죄로 다 타버릴지도 모른다. 편리함을 앞세운 욕망을 버리지 않는다면 다 함께 추락하는 길만이 남았다. 끊어야 한다. 내려놓아야 한다. 시급하다. 지구를 해하는 익숙한 습관들을 바꿔야 한다. 이 악몽에서 어떻게 빠져나올 수 있을까. 우리 자체가 영화에 나오는 '거신병'들이었다.

인간은 지구라는 공동체 일원이다. 서로가 갈라서는 분열에 변화를 가져온 나우시카는 경계를 깨려고 했다. 권력과 이기심으로 뭉친 공동체 너머 안과 밖을 볼 수 있었던 소녀였다. 지금의 우리도 냉정한 희망을 품고 '지속 가능한 발전'이 아니라 '지속 가능한 자연'을 위한 전환이 필요하다. 나의 공동체가 아니라 지구 공동체가 필요하다. 실천하는 행동만이 미래를 이어가는 시작이 될 것이다. 유한한 인간은 지구를 빌려 쓰고 있다. 미래의 또 다른 우리가 다른 생명과 평화롭게 공존할 수 있을까. 오늘의 현명한 선택이 미래를 결정할 것이다. 이 순간이 지구의 모든 공동체가 존속할 마지막 기회인지도 모르겠다.

연결

<콘택트 Contact 1997>

　다시는 못 볼 우주쇼가 펼쳐진다던 늦가을 어느 날. 책에서만 보던 유성우(流星雨)를 보고 싶었다. 늦은 밤, 겨울로 가는 길목이라 옷을 여러 겹 껴입고 옥상으로 갔다. 같이 올라갔던 오빠와 동생은 변화 없는 하늘에 실망했는지 얼마간 기다리다 춥다면서 그냥 내려갔다. 사위가 고요해진 어느 시각, 차가운 바람에 눈이 시큰해져 눈물을 훔치던 그때 별빛이 허공을 스쳤다. 그 순간 모든 게 멈췄다. 사춘기 소녀였던 나는 알퐁스 도데의『별』에 등장한 스테파네트 아가씨와 양치기가 생각났다. 그들의 애틋함을 감쌌던 별빛이 쏟아지던 밤을 떠올렸다. 떨어지는 별똥별을 보고 '천국으로 들어가는 영혼'이라고 말했던 그 밤이 겹쳐졌다.

　　　　　　　　　　　　　　　　　　　연결

별은 지금도 머리 위에 떠 있지만, 현대인들은 밤을 몰아내듯 사방을 불빛으로 환하게 밝히고 별빛을 지웠다. 우주를 동경하던 인간의 꿈은 하늘로 향한 시선을 돌려 다른 욕망을 키우는 꿈으로 대신했다. 초 단위로 나뉜 시간 속에 바삐 움직이며 방향을 잃은 채 오늘도 뛴다. 층층이 높이 쌓은 아파트에서 물리적 거리는 한집과 다를 바 없지만, 마음의 거리는 우주보다 먼 타인들로 둘러싸여 산다.

우리와 다르게 별을 잊지 않고 사랑해 온 여자가 있다. 영화 < 콘택트 Contact > 에 주인공 엘리의 시선은 오래전부터 먼 하늘과 우주에 닿아 있었다. 사랑을 알기 전 그리움을 배워버린 그녀는 아빠가 사다 준 천체망원경으로 별을 바라보며, 저 너머의 세상에 있는 누군가와 연결되기를 바란다. 기억에도 없는 엄마, 너무 이른 시기 갑작스럽게 떠난 아빠를 마음 깊은 곳에 묻고 외롭게 성장했다. 그녀는 우주에서 오는 수많은 잡음 사이 유의미한 신호를 찾고, 기다리며 우주와의 교신에 몰입한다.

천체물리학을 연구하는 과학자가 된 엘리는 타인이 보기엔 무모한 희망에 매달린 외곬으로 보인다. 어느 날 25억 광년 밖 거문고자리 베가성 주위에서 오는 규칙적인 소리를 감지한다. 앞길이 편안히 펼쳐질 교수직을 거부하고 자신의 모든 것을 쏟아 20여 년을 기다린 신호였다. 그것은 먼 우주로부터 온 메시지였고 곧 그 비밀은 해석된다. 그 증거물은 놀랍게도 어딘지 알 수 없는 곳으로 떠나는 비행선의 설계도였음이 드러난다.

우여곡절 끝에 우주선에 오른 엘리는 꿈에 그리던 우주여행을 하고 돌아온다. 그러나 지구의 시간은 겨우 몇 초가 흘렀고 출발을 지켜보는 사람들의 기억에는 우주선이 추락하는 것밖에 본 것이 없다. 깨어난 후 그녀가 겪은 18시간의 비행 이야기는 사람들에게 정신 나간 거짓말에 지나지 않았다. 엘리는 증명할 수 없었다. 여기와 다른 시공간에 다녀온 긴 시간과 대비해 지구의 몇 초에 불과한 시간의 간극은 지켜보던 다수의 진실 앞에 지워졌다. 사람들은 쉽게 그녀를 비난했다.

우연처럼 그녀에게 다가온 팔머는 신학을 공부하는 사람이다. 엘리와는 또 다른 영성이라는 진리에 몰입하는 이다. 그가 추구하는 진리도 과학으로 증명할 길은 없다. 하지만 그는 말한다. 과학과 기술 덕분에 인간은 행복해졌는가. 지금 우리는 어느 때보다 서로 동떨어져 외로운 존재가 되었다고 말한다. 즉 이 고독과 불안에서 벗어날 길은 종교적 믿음에 있다는 말이었다. 신심이란 증거로 믿는 것이 아니라 마음으로 믿는 거라고 그는 말한다.

오랜 시간 과학과 종교는 화해하지 못하고 합리적 의심과 불합리한 믿음 사이에서 대립했다. 즉 종교와 과학의 대립처럼 보이는 영화 <콘택트>는 사실 대립이 아니라 서로가 실은 같은 모습일 수도 있다는 메시지를 던진다. 인간은 행복하고자 한다. 종교가 답을 주던 시대에는 그것만이 유일한 이야기를 만들었지만, 과학의 시대가 되자 유일한 답은 많은 과학적 질문 앞에 아우라가 희미해졌다. 때로 종교는 다른 세계를 부정하고 광신도적 믿음으로 사회악이 되기도 했다. 둘은 권력의 양쪽에서 서로 첨예하게 대립했다. 하지만 인간의 삶은 하나의 바퀴로 굴러가기엔 흔들림이 많다. 고대 그리스인들은 삶을 마차에 빗대었다. 사람은 두 마리 말을 모는 마부라고 했다. 흰 말은 이성, 검은 말은 감성이다. 각각의 말은 마차를 좌우에서 반대 방향으로 끌어당긴다. 우리의 임무는 말 두 마리를 모두 통제하여 마차가 길의 중앙선을 따라 달리게 하는 것이다. 인간의 행복한 삶은 둘 사이 균형에 있다는 말이다.

증명할 수 있는 것만이 진리라고 믿었던 과학자 엘리는 증명할 수는 없지만, 진실을 경험했다. 그러나 경험한 진실은 증명할 수 없기에 그녀는 거짓말쟁이가 되었다. 외면당하고 비난당했다. 단 한 사람 그녀의 진실을 믿었던 이는 팔머였다. 증명을 할 수 없지만, 그녀의 진실을 느낀 팔머가 믿음으로 그녀를 감싼다. 진리를 추구한다는 점에 과학과 종교는 인간에겐 중요한 가치다. 둘은 사람들 눈엔 서로 반대편에 놓인 듯하다. 세계는 한쪽의 이야기만으로는 충분하지 않다. 그동안 종교가 몰고 온 비극은 인간에게 현명함보다 폭력성을 부추겼다. 또 생명이 존중되지 못한 과학의 발전은 지구를 황폐하게 했다. 신앙과 과학은 대립하기보다 손을 잡을 때 서로를 거울삼아 바른 균형을 유지할 수 있지 않을까.

깊이 파고들면, 서로는 결국 만나게 된다. 둘은 결국 하나다. 진리의 모습에 증명할 수는 없지만 분명 존재하는 것이 있다. 그것이 꼭 종교의 모습은 아니더라도 사랑이나 선한 마음, 영성 등은 인간을 인간이게 하는 중요한 가치다. 자신만 옳다고 주장하는 길은 위험하다. 한쪽만을 따르는 길은 반쪽만의 세계를 진짜 세계라고 착각하는 일이다. 우리의 시선은 두 세계를 다 끌어안고 있을 때 제대로 보는 시각을 가지게 된다.

　오래전 별이 쏟아지던 밤. 집에서는 고소한 팝콘 튀기는 냄새가 가득하다. 베란다 가득 떨어진 낙엽이 바람에 날리던 밤. 아기 때 엄마를 잃었지만, 아빠의 따뜻한 사랑과 지지가 엘리를 춥지 않게 감쌌다. 하지만 아늑하고 충만했던 시간은 곧 끝난다. 엘리는 그날 심장병을 앓던 아빠를 잃는다. 온 세상을 잃은 슬픔에 잠긴 소녀에게 목사가 내놓는 말은 '신의 뜻'이었다는 차가운 비수였다. 녹음기의 반복된 음처럼 무의미한 앵무새 같은 말로 소녀의 상처 위에 소금을 뿌린다. 사랑이 핵심인 종교의 말이 그것밖에는 없었을까. 인간을 외면한 종교는 대상을 잃은 신의 말만 남는다.

　엘리는 "아빠 다른 별에도 우리처럼 생명체가 있나요?"라고 묻는다. 아빠는 "우주에 우리만 있다면 엄청난 공간의 낭비일 것 같구나. 우리가 모른다고 존재하지 않는 것은 아니다."라고 답한다. 그 후 엘리의 그리움과 사랑이 닿은 공간은 무한히 넓어진다. 생면부지의 타인들에게 응답하라고 무선통신을 하던 소녀는 그 후 사랑하는 이의 온기를 찾아 머나먼 우주로 뻗어간다. 별을 닮은 듯 아름답게 빛나던 엘리의 두 눈동자에 담긴 그리움과 진리를 향한 열망은 웜홀을 통과한다. 그리고 베가성에서 꿈처럼 우주의 존재를 만나게 된다. 사랑하고 싶고, 알고 싶은 열망은 인간을 성장시키는 에너지다. 사랑이 없는 이성은 날카롭고 위험하며, 이성이 없는 사랑은 무모하고 허무하다. 둘은 연결될 때 비로소 온전해진다.

순간의 반짝임

<퍼펙트 데이즈 Perfect Days 2024>

마음이 사납다. 거친 마음이 부딪히며 생채기를 낸다. 현재에 머물고자 하는 안간힘마저 과거의 후회와 미래의 불안 속으로 쉽게 휩쓸린다. 가볍게 시간에 맡기듯 살고 싶은 바람과는 다르게, 무겁고 딱딱한 껍질에 옴짝달싹 할 수 없이 제자리에서 굳어버린 동상이 된 것 같다. 버거운 시간을 지나고 있는 나에게 <퍼펙트 데이즈 Perfect Days>의 히라야마의 삶은 하나의 질문이자 위안을 던진다. 그는 거친 세상 속에서도 억지로 무언가를 바꾸려 애쓰기보다, 주어진 삶의 조건을 수용하고 그 안에서 자신만의 고요한 아름다움을 찾아낸다.

빔 벤더스 감독의 <페펙트 데이즈>는 얼핏 보면 지루하리만치 단순한 일상을 담고 있다. 도쿄의 공중화장실을 청소하는 중년 남성 히라야마의 반복되는 하루는 어쩌면 현대인이 가장 피하고 싶은 삶의 모습일지도 모른다. 변화와 발전, 더 나은 삶으로의 이동을 부추기는 세계에서 반복은 긍정적 의미로 와 닿지 않는다. 하지만 틀에 박힌 듯 반복되는 시간 안에서 안정감과 편안함도 느껴진다. 그래서 영화가 끝날 무렵, 다르게 와 닿는 평온함과 함께 '완벽한 하루'란 무엇인가에 대한 깊은 질문을 안고 관객은 영화관을 나온다.

그에게 하루는 반복이 주는 묘한 리듬 속에 있지만 압축된 삶이다. 동이 틀 무렵, 동네 어른의 비질 소리에 잠이 깬다. 새벽에 일어나 화분에 물을 주고, 작업복을 입고, 차에 올라 카세트테이프를 트는 것까지 모든 행동에 군더더기가 없다. 그는 주어진 일을 묵묵히, 그리고 완벽하게 해낸다. 그에게 화장실 청소는 단순한 노동을 넘어선 하나의 의식이다. 깨끗하게 정돈된 그의 작업복, 빈틈없이 정리된 도구들, 그리고 오염된 공간을 정화하는 그의 손길은 일상과 일에 대해 단단함을 보여주고 있다.

이 반복은 겉보기에는 무의미해 보일 수 있으며, 어떤 거창한 목표나 의미를 향해 나아가지 않는다. 이 모습을 다른 시각에서 보면 현대 사회의 개인들이 느끼는 소외와 무력감, 삶의 의미 부재라는 부조리한 현실을 비추는 것도 같다. 하지만 히라야마의 삶은 반복되는 기계부품 같은 노동으로만 채워진 것은 아니다. 그는 일상의 사이를 비집고 작은 것들에서 기쁨을 찾는다. 오래된 음악이 담긴 카세트테이프를 들으며 운전하고, 점심시간에는 공원에서 나무를 올려다보며 사진을 찍는다. 서점에서 책을 고르고, 작은 선술집에서 맥주 한 잔으로 하루를 마무리한다. 때로는 우연히 만난 사람들과 짧고 의미 있는 교류를 나누기도 한다. 이 모든 순간은 그의 일상을 특별하게 만드는 작은 '반짝임'들이다.

그는 점심시간에 찾은 신사의 벤치에서 나무들 사이에 비치는 햇살을 사진에 담는다. 일본말로 코모레비(こもれび)는 햇살에 흔들리는 잎사귀의 그림자를 말한다. 그 순간에만 존재하는 것을 담는 모습. 매일 같은 장소에서 비슷한 모습의 햇살과 나무를 찍지만 똑같은 모습은 없다. 돌아와 날짜별로 정리하고 남길 사진은 따로 선별하는 그의 일상은 현재를 온전히 받아들이면서 또 다른 의미를 부여하는 담백한 기도 같다는 생각을 했다.

영화는 '퍼펙트 데이즈'라는 제목처럼 완벽함을 말하지만, 역설적으로 그 완벽함은 거대한 성취나 특별한 사건에서 오는 것이 아니다. 오히려 삶의 매 순간, 가장 일상적인 것들 속에서 아름다움과 의미를 발견하는 태도에 가깝다. 히라야마는 삶이 주는 모든 것을 있는 그대로 받아들이고, 자신에게 주어진 역할에 충실하며, 그 안에서 소소한 행복을 찾아낸다. 그의 삶은 불필요한 욕망이나 타인의 시선에 휘둘리지 않고, 오로지 자신만의 속도로 살아가는 법을 보여준다.

어쩌면 사람들은 너무 많은 것을 원하고, 그 욕망에 지쳐있는지도 모른다. <퍼펙트 데이즈>는 묻는다. 진정한 행복은 어디에 있으며, 어떻게 하면 우리 각자의 '완벽한 하루'를 만들 수 있는가? 히라야마의 조용하고도 빛나는 삶은 그 질문에 대한 가장 아름답고 솔직한 답을 제시한다. 거창한 노력 없이도, 지금 이 순간을 온전히 받아들이고 작은 기쁨을 소중히 여기는 것만으로도 우리의 하루는 충분히 완벽해질 수 있음을 말이다.

그러나 현실에서 자신만의 방식으로 존엄을 지키고 삶을 꾸려가는 일은 쉽지 않다. 현실의 삶은 거센 강물의 흐름에서 작은 돌부리에 매달려 강물을 거스르는 모습 같기도 하다. 손을 놓고 강물에 떠밀려 가며 물 흐르듯 사는 삶이 현명한 모습이라고 생각하던 때가 있었다. 하지만 그건 큰 세계에 희석되어 사라지는 삶이지 내 삶은 아니었다.

갑작스럽게 닥친 멈춤. 조여오는 시간에서 몸부림치지만 한 발자국도 내디딜 수 없다. 그물에 갇힌 느낌이고 하루하루 가슴 위로 쌓이는 돌의 무게가 버겁다. 관계는 더없이 성글고 앞이 보이지 않는 사람이 된 듯 더듬거려 보지만, 놓을 수도 잡을 수도 없는 어정쩡함에 몰입과 집중의 시간이 사라지고 파편화되고 있다. 폰 화면으로 좁혀진 간접적이고 일방적인 접속의 관계가 암세포처럼 증대되고 있다. 상호 간의 만남. 서로 교류하고 사람의 감정과 기운이 전달되는 접촉이 있어야 하는데 쉽지 않다.

현재에 머물지 못하고 떠도는 유령이 된 것 같다. 가야 할 방향을 잃은 것일까. 매일 안개를 걷어내기가 버겁다. 그럴수록 순간의 반짝임을 찾고 싶다. 하루를 숨 쉬게 할 한 줄기 바람을 간절히 원한다. 사나운 마음이 가라앉기를 바란다. 나를 설레게 할 반짝임을 찾고 싶다. 히라야마가 앉아 있던 공원 벤치에 같이 앉아 고개를 들어 흔들리는 초록빛 그늘을 보고 싶다. 지금 현재로 나를 데려와 그저 하루의 감사함을 받아들이고 싶다. 구름을 움직이는 건 바람, 나를 움직이는 건 무엇일까?

책 속 영화들(영화제목/감독/상영시간)

- <아무르 Amour> 미하엘 하네케_ 127분

- <스틸 앨리스 Still Alice>

  리처드 글랫저, 워시 웨스 트모어랜드_ 101분

- <죽여주는 여자 The Bacchus Lady> 이재용_ 111분

- <스즈메의 문단속 Suzume> 신카이 마카토_ 122분

- <노매드 랜드 Nomadland> 클로이 자오_ 108분

- <언더 더 스킨 Under the Skin> 조나단 글레이저_ 108분

- <조이랜드 Joyland> 사임 사디크_ 127분

- <컨택트 Arrival> 드니 빌뇌브_ 116분

- <이터널 선샤인 Eternal Sunshine of the Spotless Mind>

  미셸 공드리_ 107분

- <작은 아씨들 Little Women> 그레타 거윅_ 135분

- <그녀 Her> 스파이크 존스_ 125분

- <내겐 너무 사랑스러운 그녀 Lars and the Real Girl>

  크레이그 길레스피_ 106분

- <아임 유어 맨 I'm Your Man> 마리아 슈라더_ 108분

- <피셔 킹 The Fisher King> 테리 길리엄_ 137분

- \<바닷마을 다이어리 海街dairy, Our Little Sister\>

  고레에다 히로카츠_ 128분

- \<콜 미 바이 유어 네임 Call Me by Your Name\>

  루카 구아 다니노_ 132분

- \<트랜짓 Transit\> 크리스티안 페촐트_ 101분

- \<한 남자 A Man, ある 男\> 이시카와 케이_ 120분

- \<블레이드 러너 2049 Blade Runner 2049\>

  드뇌 빌뇌브_ 163분

- \<엑스 마키나 Ex Machina\> 알렉스 가랜드_ 108분

- \<피부를 판 남자 The Man Who Sold His Skin\>

  카우타르 벤 하니야_ 104분

- \<Uss 칼리스터 Uss Callister\> 토비 헤인즈_ 76분

- \<그 남자는 타이타닉을 보고 싶지 않았다 The Blind Man Who

  Did Not Want to See Titanic\> 티무 니키_ 82분

- \<여기는 아미코 Amiko\> 모리 유스케_ 104분

- \<로마 Roma\> 알폰소 쿠아론_ 135분

- \<월-E Wall-E\> 앤드류 스탠튼_ 104분

- <북샵 The Bookshop> 이자벨 코이젯트_ 112분

- <나의 문어 선생님 My Octopus Teacher>

  피파 얼릭, 제임스 리드_ 85분

- <루시 Lucy> 뤽 베송_ 90분

- <바람계곡의 나오시카 Nausicaa of the Valley of Winds>

  미야자키 하야오_ 116분

- <콘택트 Contact> 로버트 저메키스_ 149분

- <퍼펙트 데이즈 Perfect Days> 빔 벤더스_ 124분

책 속 영화들

마녀영화관

1판 1쇄 펴낸날 2025년 11월 10일

지은이 목민정
펴낸이 서정원
펴낸곳 도서출판 전망
주소 48931 부산광역시 중구 해관로 55(201호)
전화 051) 466-2006
팩스 051) 441-4445
이메일 jmw441@hanmail.net
출판등록 제1992-000005호
ⓒ목민정 KOREA

ISBN 978-89-7973-656-4
값 17,000원

부산광역시 BUSAN METROPOLITAN CITY   부산문화재단 BUSAN CULTURAL FOUNDATION

* 이 책은 2025년 부산광역시, 부산문화재단 <부산문화예술지원사업>으로 지원을 받았습니다.